Legado de fe y amor

La historia de vida de Norma Martínez

Escrito por Ruth Arias

First paperback edition November 2021

Book design by Aeysha Mahmood
Book editing by Dr. Lucila Mejia

ISBN 978-0-5789-9021-7 (Paperback)

Books By Love
18331 Pines Blvd
Unit #133
Pembroke Pines, FL 33029

More books available at:
www.booksbylove.com

Para mi abuelita Norma:

Siempre decías que tu vida era un libro.

¡Aquí esta tu libro!

Te amo con todo mi corazón y te extraño demasiado.

Con amor,

tu nieta y amiga

Ruth (Rusa)

Índice

Capítulo 1

Una mañana gloriosa

Era una mañana hermosa. Un viernes muy especial, el 11 de enero del 2019. El sol era brillante y caluroso, el viento suave y melodioso movía las palmeras de un lado a otro. A través de la ventana se escuchaba el sonido de los pajaritos que cantaban y alegraban la mañana. Mientras preparaba a mi hija Sophia para la escuela, podía percibir una dulce fragancia de paz que llenaba mi casa. En esos momentos, todo lo que podía pensar era en mi bella abuelita. Le pedía a Dios que ya se la llevara con él para que no sufriera más. Le daba gracias por el regalo de su larga vida, que fue de gran bendición para todos los que la conocían. El gran deseo de mi corazón era poder estar con ella en los últimos momentos de su vida, pero estaba segura de que cuando llegara ese momento, ella estaría rodeada de sus hijos, cosa que era su gran anhelo. Mi abuelita no era solo una madre, abuela y bisabuela; ella fue la persona más especial e influyente para nuestra familia y para muchos que tuvieron el privilegio de conocerla. Esta mujer extraordinaria fue la persona más maravillosa que había conocido en toda mi vida. Norma Rodríguez Evangelista de Martínez, fue su nombre.

En esa mañana gloriosa, a sus 86 años de edad, Norma Martínez volvió a reunirse con el amado de su corazón, Jesucristo. Era una mañana nublada y fría en Queens, Nueva York y mi abuelita se encontraba en casa de su hija, María (mas conocida como Maribel). Allí rodeada de sus hijas y después de días sin abrir sus ojos, los abrió por última vez. Dios le dio la última oportunidad para abrirlos y con una mirada llena de paz y amor despedirse de sus familiares. Su mirada era muy profunda y penetrante. Con una bella sonrisa miró a mis tías y su asistente domiciliaria. Aunque no dijo una palabra, su mirada de amor lo dijo todo. Todos allí se acercaron más a ella con ojos llenos de lágrimas y tomándola de la mano se contemplaron por unos pocos minutos antes que volviera a cerrar sus ojos, tomando su último suspiro. En ese instante, los ángeles vinieron por su alma y se sintió un viento veloz que sopló en toda la habitación. Mis tías que estuvieron a su lado pudieron literalmente sentir la partida de su alma y testifican que fue algo asombroso. Unos de los más grandes deseos de Norma era morir rodeada de sus hijos en casa. No quería morir en un hospital, sino en casa con su familia en completa paz y amor. Toda su familia y las personas que tanto la amaban pudieron estar a su lado durante las últimas semanas de su vida. Fueron unos días llenos de amor en familia tal como ella lo quiso.

La enfermedad del cáncer de mamá comenzó en su seno izquierdo y en el transcurso de solo 2 años, poco tiempo después de una mastectomía parcial, las células cancerosas se diseminaron rápidamente en todo su cuerpo generando una metástasis. Norma no quiso exponerse a otros tratamientos pues en su corazón ella ya sentía que era su final. Recuerdo, casi dos meses antes de su partida, el momento cuando los médicos entraron a la habitación para darnos la terrible noticia de lo que habían visto en las pruebas profundas de rayos x. Abuelita se había estado sintiendo muy débil con dolores fuertes en los huesos por semanas. Estaba muy delicada de salud y su médico general no le podía dar un diagnóstico que explicara claramente lo que estaba sintiendo en su cuerpo. Decidimos llevarla a la sala de emergencias para poder practicarle exámenes más profundos. Allí esa tarde estábamos solo ella y yo cuando los médicos entraron a la habitación y me pidieron que me sentara para darme la noticia. Miré a mi abuelita con ojos llorosos, no queriendo ni pensar en la noticia que estaba a punto de escuchar. Sus ojos se fijaron en los míos como si me estuviera transfiriendo paz. Me senté y respiré profundamente. La tomé de la mano para que pudiera sentir mi apoyo y comencé a escuchar lo que los médicos habían encontrado en su cuerpo. Mientras los escuchaba hablar, sentía como si me habían tirado un balde de agua helada. Quedé como congelada, totalmente horrorizada. No podía creer lo que estaba escuchando.

Durante toda mi vida al igual que mi abuelita, siempre he sido una mujer de mucha fe. Mi madre (la hija mayor, Hilcia) y mi abuela nos instruyeron en esa gran fe y conocíamos al Dios de lo imposible. En esos momentos al escuchar esta noticia, mi fe se ponía radicalmente a prueba. ¡No podía creer que *mi* abuelita, la mujer más fuerte que había conocido, el pilar de fe en nuestra familia, la mujer que era sumamente especial para Dios y para todos nosotros le estuviera sucediendo esto! De repente, escucho la voz de la doctora con su mano en mi hombro que me dice, "Ruth, ¿Estás bien?... Ya no hay mucho que podamos hacer por tu abuelita. El cáncer está muy avanzado. Lo sentimos mucho." Los médicos salieron de la habitación y no pude, realmente, no pude contener mi llanto. Comencé a llorar desconsoladamente con mi abuela allí, a mi lado. En ese instante no podía ni siquiera mirarla. No podía clamar a Dios, no me salía nada más que un llanto profundo del alma. No quería creer lo que estaba escuchando. Me sentía destrozada y confundida. Pero en medio del dolor, mi hermosa abuelita me sostuvo, me tomó de la mano y me dio un fuerte abrazo. Me desplomé en sus brazos, como siempre lo hacía, porque allí me sentía segura. Limpiando mis lágrimas, podía sentir en sus brazos una paz inexplicable que llenaba mi cuerpo y corazón. "Rusa…" me dijo, con su dulce y tierna voz, "Hija, mi vida está en las mejores manos; en las manos de mi Jesús."

Ese día glorioso, del 11 de enero del 2019, como a las 9:10 de la mañana, me entra la llamada de mi tía Rut. Al ver su nombre en mi celular sentía como si los latidos de mi corazón se triplicaran. Tomé la llamada y escuché la voz de mi tía llorando que me decía, "Rusa, mamá acaba de partir con el Señor." Respiró profundamente y comenzó a llorar inconsolablemente. En ese instante podía ver una película en mi mente de todos los hermosos momentos que viví con mi abuelita. Fue una mujer ejemplar en todos los aspectos. Veía los momentos de niña cuando me quedaba dormida en sus brazos. Y los momentos felices cuando nos daba los mejores consejos mientras cocinaba para toda la familia. Veía su sonrisa y escuchaba su voz que siempre oraba y nos daba la bendición para que el Salmo 1 se cumpliera en nosotros. Abuela lo hacía todo con mucho amor. Y, ese amor marcó a toda su familia, y estoy segura de que tambien maracará las generaciones por venir para siempre.

Al escuchar la noticia de su partida, toda la familia fue a reunirse en casa de mi tía, Maribel donde se encontraba la abuelita. Todos sus hijos e hijas pudieron abrazarla y besarla por última vez antes de que vinieran por su cuerpo. Fueron unos de los momentos más difíciles que jamás hayamos podido vivir como familia. Todos en la casa lloraban con dolor profundo al saber que ya no la tendríamos a nuestro lado, que ya no podríamos sentir sus tiernos abrazos que nos hacían sentir invencibles, o escuchar su dulce voz diciendo cuanto nos amaba. Pero al mismo tiempo, estábamos muy agradecidos con Dios por los años que pudimos disfrutar de una madre y una abuela extraordinaria. Sobre todo, estábamos agradecidos que ya estaba en completa paz disfrutado la eternidad con el amado de su corazón. Tan solo verla en su camilla, con sus ojos cerrados y una preciosa sonrisa, sabíamos que *sí* estaba con Jesús, contenta, sin dolor, sin preocupación alguna, en gozo perpetuo.

Muchas personas dicen cosas maravillosas de las personas especiales en sus vidas, pero en mi caso, la abuelita Norma fue más que especial. Mamá Norma, como muchos la llamaban, fue un pilar de fe para nuestra familia. Su fe y su amor por Jesús fueron sus más grandes legados. Sus oraciones, sabiduría, compasión y amor por las personas dejarán huellas profundas en nuestros corazones. Un solo consejo de Mamá Norma cambiaba la dirección de las vidas de muchas personas. Un solo abrazo de Mamá Norma sanaba heridas del corazón. Dios usó sus abrazos de amor y sus palabras de sabiduría para cambiar y transformar a muchas familias y matrimonios. Las personas, que conocían a Mamá Norma, afirman que su ministerio más poderoso fueron sus abrazos; porque a través de ellos podíamos sentir el verdadero amor del Padre Celestial. Gracias a su historia y legado muchas personas pudieron conocer de Jesús, nuestro Salvador.

Muchos vendrán a los pies de Jesús porque un día Mamá Norma oró por ellos o porque un día les dio un simple abrazo o consejo que marcó sus vidas. Hasta el día de hoy, seguimos escuchando testimonios de personas que han sido bendecidas y cambiadas por el testimonio de Mamá Norma. Su legado continuará, y como siempre lo decía, "toda mi familia será salva y todos le servirán."

Capítulo 2

El inicio

La vida de Mamá Norma fue una llena de pruebas que la llevaron a ser una mujer admirablemente fuerte y valiente. Norma Rodríguez Evangelista de Martínez nació el 3 de abril de 1932, en Sabana de la Mar, un pueblo pequeño en la provincia de Hato Mayor del Rey, República Dominicana. Sus padres fueron, Hipólito Rodríguez y Francisca Evangelista; Norma fue la primogénita de ocho hijos. Su padre Hipólito, fue agricultor, y su madre Francisca, ama de casa. Sus hermanos José, Silvio, Octavio, Ángel, Diógenes, y sus dos hermanas, Amantina y Rosa fueron muy especiales en su vida.

Norma nació en un hogar católico con una familia trabajadora y servicial. Su padre trabajó fuertemente para sostener a su familia en su trabajo como agricultor. Gracias al arduo trabajo de su padre siempre había alimento en casa. Todos los hijos también pudieron recibir una educación hasta el sexto y octavo grado. Norma estudió hasta el sexto grado en una escuela pública de su ciudad. Como muchas niñas de aquellos tiempos, ella tuvo que aprender a cocinar desde una pequeña edad para ayudar a su madre a preparar los alimentos para sus hermanos mayores. Su hermana menor, Rosa, fue muy unida a ella durante toda su vida. Tía Rosa como todos la llamamos, fue su mejor amiga. Crecieron siempre unidas y se ayudaban mutuamente en los quehaceres del hogar. Tía Rosa recuerda a Norma como una hija muy sumisa y obediente durante toda su niñez. Ella ayudaba mucho en casa y siempre fue amable y trabajadora.

En 1947, a los 15 años, Norma viaja desde Sabana de la Mar a visitar a su prima Josefina que vivía en Hato Mayor. Durante esa visita ella conoce a un camionero amigo de su prima llamado José Joaquín Martínez. Al conocer a Norma, José se enamora de ella y viaja a Sabana de la Mar a pedir su mano en matrimonio. Sus padres aceptan su propuesta al ver que el señor era un hombre trabajador y de buena familia. José le llevaba muchos años a Norma. Era un hombre divorciado con dos hijos que vivían en casa de sus padres. Norma siempre fue muy sumisa. Aceptó lo que sus padres decidieron y al año siguiente, a los 16 años, ella se casa con su primer novio, José Joaquín Martínez.

Norma, una joven humilde, obediente y trabajadora se encuentra con una situación muy difícil al tener que casarse con alguien que realmente no conoce y que es un hombre con el doble su edad. Se casan en la iglesia católica y comienzan su nueva vida de casados. Después de la boda, Norma y su esposo José se van a vivir a casa de sus suegros en Hato Mayor. Allí vivían los padres de José, sus hermanos y los dos hijos de su esposo llamados Jacinto y Luis. Norma rápidamente se tuvo que convertir en esposa, madre, ama de casa y nuera.

Pero lo más difícil de todo fue el darse cuenta de que su nuevo esposo sufría de alcoholismo.

Las noches se hacían muy largas a la espera de su esposo. Norma se quedaba despierta noche tras noche orando y pidiéndole a Dios que tuviera misericordia de José para que llegara a casa sano y salvo. El trabajo de su esposo consistía en manejar camiones y carros de ciudad a ciudad, pero después del trabajo se quedaba en las barras malgastando su dinero en el alcohol. En varias ocasiones Norma salía a media noche tocando puerta por puerta en los bares y clubes nocturnos buscándolo para llevarlo de regreso a casa. Cuando finalmente llegaba a casa, José llegaba borracho y en muchas ocasiones abusaba de Norma verbal y físicamente. Esto duró muchos años. Cada vez que sucedía, Norma buscaba refugio en su hermana y amiga Rosa, quien vivía en Santo Domingo, la capital, a unos 80 kms. de distancia. En una de esas noches, José llegó borracho y le pegó fuertemente en la cabeza con una olla grande de cocina. Así, sangrando y herida, Norma salió de casa en búsqueda de un carro público que la llevara a donde su hermana. Cuando al fin pudo llegar a casa de Rosa, toda la familia se preocupó mucho por ella. Sus padres querían que se divorciara de José, pero Norma no quiso. Se quedó unas semanas en casa de su hermana para recuperarse y poder descansar. Después de un mes, José llegó a la casa de Rosa buscando a Norma y le pidió perdón; ella lo perdonó y al siguiente día se regresó a casa con él.

Poco tiempo después, algo grande comenzó a nacer en el corazón de Norma. Ella no podía explicarlo. Sintió el deseo de visitar una iglesia bautista con su prima Josefina. Allí a través de unos misioneros, que visitaban de los Estados Unidos, recibió a Jesús como su Señor y Salvador y comenzó su relación hermosa con él. La iglesia rápidamente se convirtió en el lugar más especial para ella. Allí aprendió de la Palabra de Dios, a cómo orar y tener comunión con su Padre Celestial. Se integró al coro de su iglesia bautista en Hato Mayor y participaba todos los fines de semana cantando himnos y coritos que llenaban su corazón de paz y amor. Su relación con Jesús la llenaba de la paz que tanto necesitaba. Fue el instrumento que Dios utilzó para poder soportar la difícil situación que tenía que vivir a diario con su esposo y su familia. Era en esos momentos de desesperación que Norma se refugiaba en los brazos de su amado Jesús, su Salvador. Esa comunión con Dios fue la fortaleza que día tras día le levantaba el ánimo para poder seguir luchando.

Esta nueva fuerza la llevó a pensar en un mejor futuro, ya que su esposo no se hacía responsable del hogar. Norma se levantó y decidió ir a casa de sus familiares a pedir la ayuda de su padre y su hermano Silvio. Como toda una mujer visionaria, ella el pidió a Silvio que le ayudara a buscar madera, piedras y cemento para comenzar a construir su nuevo hogar, el gran proyecto de su vida. Buscó un lugar cerca del cementerio de Hato Mayor, en una tierra desocupada y llena de ganado. Allí escogió el lugar y comenzó a construir la casa que un día sería un hermoso hogar para su familia.

Con la ayuda de Dios, de su padre y sus hermanos, Norma comenzó a construir una casa pequeña que podría llamar suya. Buscaron tierra, arena y cemento para preparar el fundamento. Ella fue en busca de piedras que cargaba en sus espaldas para fortalecer las paredes de su casa. Día tras día caminaba del río hacia el lugar donde construía su casa cargando barriles de agua y tierra. Nunca se dio por vencida. A su corta edad se convirtió en una mujer fuerte, valiente y luchadora.

Ya habían pasado siete largos años desde que Norma contrajo matrimonio con José. Durante todo este tiempo, no había podido quedar embarazada. El abuso, la tensión y las malas noches no fueron un buen alimento para su sistema reproductivo. Al final de estos siete años, más aproximadamente en el año 1955, con las paredes de su nueva casa ya levantadas y con el techo de yagua y hojas cubriendo su casa, Norma se da cuenta que está embarazada. Unos meses después ella da a luz a su primera hija Hilcia Ester (Mercedita como muchos la conocen). Todos llamaban a esta niña un milagro de Dios. Durante el parto tuvo muchas complicaciones. Tanto así que casi pierde la vida. La niña se pasó de tiempo en el vientre porque Norma no avanzaba en centímetros para dar a luz. Después de muchas horas en parto, con la ayuda de una partera y de sus padres, Norma finalmente da a luz a su primera hija. Cuando salió la bebé de su vientre sale morada y frágil por el largo tiempo de labor de parto y falta de oxígeno. Esta hermosa niña abrió el camino para que el resto de los hijos llegaran al mundo uno detrás del otro.

Después de su primer parto, Norma queda embarazada, cada año durante el transcurso de 15 años. La felicidad de tener a su nueva familia no pudo apagar las dificultades que continuaban diariamente en su hogar. Después del nacimiento de su primera hija, nació su primer hijo varón, José David en 1956, y luego nació su segundo hijo, José Daniel en 1957. Debido a que sus hijos estaban muy pequeños se le hacía imposible volver a trabajar fuera de la casa. Esto empeoró la situación financiera de la casa, ya que su esposo continuaba en sus borracheras y no se preocupa en lo absoluto por alimentar a su familia. Al no tener el dinero para comprarle alimento a sus hijos, Norma no tenía otra opción sino la de buscársela como fuera y optó por irse a las calles.

Día tras día salía a caminar en su vecindario con un bebé en el vientre y los hijos pequeños detrás de ella, tocando puerta por puerta, ofreciendo su servicio de limpieza para poder sostener y alimentar a sus hijos. Los vecinos y las personas en el barrio la veían caminar por las calles con sus pequeños tras ella como si fueran polluelos. La gente le tenía mucha lástima y le ofrecían comida a los pequeños que lloraban de hambre y sed. Algunos le ofrecieron trabajo en limpieza y durante muchos años lavó ropa a mano y limpió escuelas y oficinas. Tristemente, a causa de tanta necesidad y falta de alimentación, su cuarto bebé, María del Carmen, que llevaba en su vientre falleció.

Capítulo 3

Salmos 37:25

En cada tribulación y necesidad, Norma se aferraba más de su gran Padre Celestial. Su fe le daba la fortaleza para seguir luchando por sus hijos. Un año después de la pérdida de su cuarto bebé, volvió a salir embrazada de su próxima hija, Fátima. Muchos se preguntarán, ¿cómo pudieron seguir teniendo hijos cuando tenían tanta necesidad? En esos tiempos, muchas personas no tenían acceso a los anticonceptivos y ni tenían la educación suficiente para planear los embarazos. Norma realmente nunca tuvo a una persona que la aconsejara o la guiara. Vino de una familia muy humilde, y en su gran humildad, solo hacía lo que conocía o entendía. Para ir a un doctor no solo se necesitaba tener dinero para pagar la consulta; había que pensar también como pagar por la receta, en caso de que fuera necesario. La práctica de la medicina cacera prevalecía en ese tiempo, cosa que favoreció a muchas familias de bajos recursos como Norma.

En 1959, Norma dio a luz a su quinta hija, Fátima. Anteriormente, había perdido una niña. Así es que la llegada de Fátima, una niña muy hermosa, llegó a ser muy especial tanto para ella, como para toda la familia. Con esto no quiero decir que la nueva recién nacida reemplazó a la niña que murió. Conociendo a Norma, sabemos que jamás la olvidaría. Gracias a Dios, Fátima volvió a traer la alegría al corazón de una madre que sufría por la perdida de un embarazo muy anhelado.

Antes de cumplir sus dos añitos, Fátima se enfermó gravemente con un problema intestinal. Fueron a la clínica del barrio y le recetaron una medicina para eliminar los parásitos que crecían en su pequeño vientre. Desafortunadamente, a sólo minutos después de haberle dado el medicamento, la niña pierde la conciencia. En ese instante, al ver que la niña ya no respondía, Norma salió corriendo de la casa con su bebé en los brazos gritando y pidiendo auxilio. Los vecinos salieron a su ayuda y le buscaron un carro para llevarla a casa de su hermana Rosa. Norma lloraba todo el camino a la Capital y le pedía a Dios que tuviera misericordia por la vida de su hijita. Con lágrimas en sus ojos, finalmente, llegó a casa de su hermana. Salió del carro con su bebé casi sin vida en sus brazos. Cayó al piso y comenzó a gritar con llantos tan fuertes que provocó que todos en el vecindario salieran de sus casas para ver lo que estaba sucediendo. Rosa y toda la familia corrieron para darle auxilio a Norma y a su bebé. Rosa rápidamente tomó a la niña en sus brazos y se dio cuenta que la bebé estaba muy grave. Sin pensarlo dos veces, se montaron en la moto de su esposo y salieron de inmediato al Hospital de Niños *Angelita*. Al llegar al hospital, pasaron a la niña a cuidados intensivos para tratar de salvarle la vida, ya que el medicamento que previamente le suministraron había envenenado su sangre. La tuvieron unos días allí y al ver que la niña ya le quedaba muy poco tiempo de vida, Norma y Rosa decidieron sacarla de la clínica para poder llevársela de regreso a Hato Mayor.

Tuvieron que tomar esta decisión tan difícil, porque si la bebé moría en la capital, no iban a tener el dinero para poder pagar por los gastos médicos y la ambulancia para llevarla de regreso a casa. Los médicos no estaban de acuerdo con que ellas se llevaran la bebé en la condición crítica en la que se encontraba. Rosa tuvo que pelear el caso y explicarles que no tenían el dinero para cubrir los gastos. Firmaron los papeles para responsabilizarse de la bebé y así podérsela llevar. Durante todo este tiempo, José, el esposo de Norma, estaba trabajando en la capital cerca del Hospital Angelita, nunca se presentó al hospital a darles su apoyo. Fueron unos de los momentos más difíciles y dolorosos que Norma tuvo que vivir. En lágrimas y su hermosa bebé en brazos, acompañada de su hermana van hacia la casa para preparar el viaje a Hato Mayor. Al llegar a casa de Rosa antes de salir del carro, se dan cuenta que la bebé falleció en los brazos de su madre.

"¡No puedes llorar, Norma! ¡No puedes llorar!" Le dice Rosa cubriéndole su boca para que no gritara y para que nadie se diera cuenta que la bebé había muerto. "¡Si se dan cuenta que la niña murió, no nos van a dejar salir de aquí para Hato Mayor! Norma, ¿me entiendes?" Norma sacando fuerzas donde no la tenia se limpió las lágrimas de los ojos y salió del carro con la bebé envuelta en una cobija para entrar a la casa. Ya adentro, Rosa tomó a la bebé y rápidamente llevó a Norma al baño para que allí pudiera llorar. Lloró desconsoladamente, cubriéndose su boca con una toalla para que nadie escuchara sus llantos. Esa misma noche salieron en el carro del cuñado de Rosa hacia Hato Mayor. Eran las 12:00 de la madrugada cuando finalmente llegaron. Allí, con su bebé envuelta en sus brazos, abre la puerta del carro y cayendo al piso un grito desgarrador se desprendió desde lo más profundo de su ser. Despertó todo el vecindario. La gente salió corriendo de sus casas dándose cuenta de lo ocurrido. Entraron a la casa y encontraron a José tirado borracho en el piso. El cuñado y el esposo de Rosa lo levantaron y lo sentaron. Todo el vecindario entró detrás de ellos; todos juntos lloraron la muerte de la niña que tanto amaban.

El dolor de la pérdida de su hermosa hija fue muy difícil para Norma. Recuerdo haber tenido una conversación con mi abuelita un año antes de su partida sobre las tribulaciones de su vida. Y recuerdo que me contaba la historia de Fátima todavía sintiendo el dolor de haberla perdido. Me decía, "la muerte de un hijo es un dolor que no se lo deseo a nadie, ni a el peor enemigo; un dolor que nunca se olvida." Ese dolor nunca lo olvidó.

Después de sólo unos meses de la muerte de Fátima, en 1961 Norma dio a luz a su próxima hija. Le puso por nombre María Fátima en honor a las dos hijas fallecidas. Después de unos pocos meses quedó nuevamente embarazada y dio a luz a su tercer varón llamado Juan Félix, en 1962. Después del nacimiento de Juan, dio a luz a su próxima hija llamada Rut Noemí. Tristemente, el gozo de tener a sus hijos no pudo apagar la difícil situación que vivía a diario. José, su esposo, continuaba con su adicción al alcohol y todos en casa sufrían, especialmente los niños. Toda la carga del hogar, los niños y las finanzas estaban sobre los hombros de Norma. Realmente, no hay explicación sobre cómo pudieron sobrevivir en la terrible situación en la que vivían, pero sí sabemos que Dios tenía planes maravillosos con Norma y sus hijos. Habían días que no tenían nada que comer, pero también días donde se aparecía alguien en su puerta, un vecino, un amigo, un familiar con comida para toda la familia. Dios nunca se olvidó de ella. Sus oraciones y su gran fe la mantuvieron con un espíritu fuerte y nunca paró de luchar por su familia. Por eso, siempre nos recetaba su versículo favorito con tanta certeza, porque esa fue realmente su vida. Dios nunca la desamparó.

"Joven fui, y he envejecido,

Y no he visto justo desamparado,

Ni su descendencia que mendigue pan."

Salmos 37:25

A causa de la gran pobreza que vivían, los niños se enfermaban constantemente. Después del nacimiento de su hija Rut Noemí, en 1966 nació su cuarto hijo varón llamado Panguito. Panguito nació con una discapacidad. Al cumplir su primer año, pudieron darse cuenta de que el niño no podía caminar. Él se arrastraba por el piso en vez de caminar. Sus piernitas eran muy débiles y no podían sostener su peso. La familia seguía creciendo y a los pocos meses, en 1967 nace otro hijo varón llamado Cristóbal Joás. Todos en casa se ayudaban unos con otros porque mamá siempre estaba ocupada con el bebé y los más pequeños. Así que los más grandes, especialmente la hermana mayor Hilcia, le tocaba cuidar de sus hermanitos. Ella fue como una segunda madre para todos. Y como Panguito no podía caminar, los hermanos se preocupan más por él. Todos se ayudaban entre sí y se mantenían muy unidos. A su corta edad de 3 años, Panguito se enferma gravemente. Los médicos le decían que no iba a vivir mucho tiempo por su condición y después de unos meses desafortunadamente muere. Esta muerte se convirtió en la tercera pérdida para Norma y su familia.

A poco tiempo después de la pérdida de su hijo Panguito, Norma quedó embarazada por última vez. En 1969, da a luz a una niña que trae mucha alegría a la familia y le ponen por nombre María. A causa de su gran pobreza, las enfermedades nunca cesaban en casa. Si no eran los niños que se enfermaban, era ella o su esposo, José. La vida no le fue nada fácil; era una batalla constante. Pero como ya sabemos, Norma nunca dejó de luchar. Como a los 3 o 4 años, la hija menor, María, su hija Rut y su hijo José Daniel se enfermaron gravemente con parásitos en el estómago causándoles diarrea crónica. Estos tres niños se enfermaban más que los demás y como no tenían el dinero para buscar ayuda médica, Norma le hacía remedios caseros para aliviarles el dolor. En una ocasión, los remedios no le estaban haciendo efecto y la diarrea crónica no paraba. Así que Norma pidió ayuda a un vecino para que la llevara de emergencia con sus hijos donde su hermana Rosa. Al llegar a allí, Norma, con los nervios en punta, no recordaba bien la dirección de su hermana y le pidió a su vecino que la dejara en la estación local de Radio Guarachita para enviarle un mensaje a su hermana a través de la radio.

Los familiares de Rosa escucharon el llamado por la radio y le informaron que su hermana le estaba esperando en la estación de Radio. Rosa, con la ayuda de su cuñado fueron en busca de Norma para socorrerla. Al contarme esta historia tan triste, Tía Rosa me dice que Norma daba mucha pena, tanta, pero tanta pena. Pues cuando la fueron a buscar, ella y los niños estaban con su ropa llena de heces fecales. Su mal olor impregnó toda la estación de radio. Me cuenta Rosa que en cuanto llegaron a su casa, los metió en la bañera para que se dieran un baño y se quitaran el hedor y el gran cansancio que tenían. Los alimentó y les dio remedio cacero para cortar la dirarrea. El próximo día, fueron llevados al hospital donde recibieron ayuda médica, y a los pocos días, ya estuvieron sanos y listos para regresar a casa. Rosa fue el ángel que Dios usó una y otra vez para socorrer a Norma. Le damos gracias a Dios por la vida de Tía Rosa que fue un instrumento tan especial para el bienestar de Norma y todos sus hijos. ¡Una hermana como pocas en el mundo!

Capítulo 4

La fidelidad de Dios

¡Norma fue una tremenda luchadora! Todo lo que tuvo que enfrentar en su matrimonio y con sus hijos fue extraordinario y realmente imaginable, pero todo eso fue solo el comienzo de su historia. Hay mucho más que aprender sobre su vida y lo que la hizo una verdadera heroína por toda su familia.

Pasaron 26 años de pruebas, tormentas, dolor, enfermedad y muerte; viviendo y luchando día tras día sin desmayar. El 1975 fue el año que marcó y cambió la vida de todos para siempre. Ese año, a los 59 años de edad, muere José Joaquín, el esposo de Norma y el padre de sus 11 hijos. A los 42 años, Norma quedó viuda, y vivía con sus hijos a su lado en la casa que ella con sus propias manos había construido. Durante todos los años que llevaban de casados, José Joaquín había luchado con el alcoholismo. Fue una batalla muy fuerte que tristemente causó mucho dolor, necesidad y tristeza en la familia. A causa del alto consumo de alcohol durante tantos años, José cayó en cama, su hígado fue gravemente afectado con cirrosis. Durante sus últimos meses de vida, José estuvo muy delicado de salud, pero siempre rodeado de su hermosa familia. Allí, en su lecho de muerte, Norma le compartió nuevamente las buenas nuevas de Jesús y allí José finalmente aceptó a Jesucristo en su corazón como su Señor y Salvador.

La petición más grande del corazón de Norma durante todos los años de casados era que su esposo le rindiera su vida a Jesús. Nunca se cansó de hablarle del Dios a quien ella le servía, del Dios que nunca la desamparó, del Dios que siempre proveyó aun cuando él como su esposo y padre de sus hijos no lo pudo hacer. Siempre hablo de ese Dios que la libró de la muerte día tras día, de ese Dios quien la abrazó con grande y puro amor cuando sus hijos morían en sus brazos. Nunca se cansaba de hablar del grande y poderoso Dios quien tuvo misericordia de su vida y la de sus hijos. ¿Cómo no amarle? Son las palabras de unas de sus canciones favoritas… "Cómo no creer en Dios, si me ha dado los hijos y la vida, Cómo no creer en Dios, si lo siento en mi pecho cada instante, ¿cómo no creer en Dios?"

Durante ese tiempo difícil, su hija mayor Hilcia tenía 19 años. Esta vivió de cerca y fue testigo de todo lo que su madre sufrió y luchó con su padre. A pesar de todo lo que le tocó vivir y ver entre sus padres, ella siempre tuvo un amor especial por su papá. Durante muchas ocasiones, Hilcia tuvo que acompañar a su madre a las barras buscando a José para llevarlo de regreso a casa. Ella fue, en muchas maneras, la mano derecha de su madre. Siempre ayudó en casa con los niños cuidando de ellos para que su madre pudiera salir en busca de trabajo y alimentos para su familia. Sin importar cómo fuera su padre, siempre lo honró dándole el lugar como su papá. Cuando él llegaba a casa, Hilcia corría a buscarle su cambio de ropa y sus zapatos. Aún cuando ya todos dormían tarde en la noche, ella lo esperaba para asegurarse de que llegara sano y salvo. Escuchaba los cuentos que le contaba sobre sus viajes a diferentes pueblos y ciudades con tanto interés y amor. Le peinaba su cabello y se reía de sus chistes. Para Hilcia, su papá era su mejor amigo y lo amaba con todo su corazón aún con sus errores y fallas.

Unos días antes de morir, su papá la mandó a llamar. La tomó de la mano y le dijo: "Mercedita, te vas a casar un día. Sí, te vas a casar, pero no con el novio que tienes ahora, sino con Fernandito el que vino a visitar de Nueva York. Si te casas con tu novio mis huesos temblarán en la tumba de tristeza, pero si te casas con Fernandito, mis huesos temblarán de alegría." Unos días después de esa conversación su padre murió. Hilcia se quedó con esas palabras grabadas en su mente y corazón. Pero una noche mientras ella dormía, un ángel se le aparece en sus sueños y le dice "Mercedita, Mercedita, si te vas a casar, pero no con tu novio, sino con Fernandito."En ese instante, ella despertó sorprendida y asustada corrió a despertar a su mamá. Le contó lo que había soñado y su mamá le dijo: "¡Corre! ¡Termina con tu novio y respóndele a Fernando! ¡Dile que sí!"

Días después de la muerte de su papá, Fernando, el primo de su vecina le había escrito una carta declarándole su amor por ella. En esos días, Hilcia estaba confundida y luchaba con los pensamientos sobre qué hacer, pero ese sueño fue la confirmación que tanto necesitaba para actuar en las palabras que su padre ya le había expresado. Sin dudarlo, finalmente terminó con su novio y le escribió una carta a Fernando diciéndole que aceptaba ser su novia. Dos semanas después de haber recibido la carta, Fernando viaja desde Nueva York y se aparece tocando la puerta con un anillo de compromiso a pedir su mano en matrimonio. ¡Ella aceptó! Y unos meses después se casaron por la ley, y después por la iglesia. ¡Fue una boda espectacular! Aún en medio de su pobreza pudo invitar a todos sus familiares, vecinos y amigos. Una amiga muy querida a ella, llamada Sara Genao, se ofreció como madrina de la boda y se esmeró en hacerle la boda de sus sueños.

Fernando e Hilcia se convirtieron en un ejemplo a seguir para toda la familia y para todos los que fueron testigos de ese hermoso matrimonio. Rápidamente, comenzaron los trámites de papeles para que Hilcia pudiera viajar a los Estados Unidos. Fernando se regresó a Nueva York para seguir trabajando en espera de los documentos de su nueva esposa. Pasaron solo 3 meses y Fernando regresó por su bella esposa para llevársela a vivir a los Estados Unidos con residencia. Eso fue otro ejemplo de las muchas formas en que la mano de Dios fue vista obrando en sus vidas para salvar y cuidar de toda su familia. La fidelidad de Dios fue muy especial para toda su familia. Dios estaba cumpliendo sus promesas en ellos.

La despedida de su hija fue muy difícil para Norma, pero ella tenía la gran certeza de que todo fue completamente obra de Dios para bendecir a su familia. Para Hilcia fue extremadamente difícil, ya que ella realmente no conocía a su nuevo esposo y ahora se iba a vivir con él a otro país lejos de su familia. Pero en todo el proceso, ambas tenían su confianza puesta en Dios y sus promesas de provisión para su familia. Al llegar a los Estados Unidos, Fernando le consiguió trabajo a Hilcia en la compañía de joyería donde él trabajaba. Ella comenzó a trabajar arduamente para poder sostener a su familia y eventualmente poder comenzar los trámites de viaje para su madre y a sus hermanos.

Hilcia, por la gran fidelidad de Dios, ya estaba en los Estados Unidos con su esposo. Norma se quedó con sus otros hijos y familia en la República Dominicana. Siguió trabajando y sirviendo a Dios mientras esperaba que su hija sometiera los papeles al Departamento de Migración para ella poder viajar a los Estados Unidos.

Una noche, mientras Norma y su hija menor María regresaban a casa caminando de la iglesia, a mitad de camino se sorprendieron al ver a tres mujeres en la parada de transporte. Ya era muy tarde en la noche y no pasaban los autobuses a esa hora. Mientras se acercan a ellas, las mujeres le preguntaron a Norma si podían quedarse en su casa solo por esa noche, ya que no pasaban autobuses. Como no tenían ningún lugar dónde quedarse, Norma con su gran corazón les dijo que sí. Se fueron con ellas caminando el resto del camino a casa y cuando llegaron les ofreció comida, pero ellas le dijeron que no tenían hambre. Norma continuó insistiendo pues todo el que llegaba a su casa los trataba cómo reyes. Norma las atendió con mucho amor.

Ya era muy tarde y todos en casa se iban acostar, pero las tres mujeres se pasaron toda la noche cantando y adorando a Dios desde la doce de la noche hasta la seis de la mañana. Norma se levantó a esa hora para así ofrecerles desayuno y café, se sorprendió al ver que ya no estaban en la sala de la casa. Nadie escuchó la puerta abrir y nadie se dio cuenta de cuándo se habían ido. Pero sí dejaron un gran aroma de un perfume agradable en toda la casa. Allí Norma se dio cuenta que esas mujeres eran ángeles. Así como dice la palabra, había hospedado a ángeles en su casa sin haberse dado cuenta. Le dijo a su hija "Vez María, nunca dejes de hospedar personas en tu casa porque no sabes si la persona que recibirás es un ángel."

Otro ejemplo de la fidelidad de Dios en la vida de Norma, fue en el año 1978. Una vez mas Dios demostró su poder. En estos días, Norma buscaba cada día estar más y más cerca de Dios. Pasaba días y horas orando y buscando aprender y conocer mas al amado de su corazón. Se congregaba en una iglesia Bautista donde ella con un grupo de mujeres oraban por los enfermos y se sanaban. Muchas personas las buscaban para que oraran por sus hijos y familiares enfermos. Había una mujer joven del vecindario llamada Candy. Todos la conocían porque estaba grandemente poseída por demonios. Su madre corría de iglesia en iglesia desesperadamente buscando ayuda y liberación para su hija. Nadie podía luchar contra los demonios que atormentaban a esta joven. Llevaba días sin comer ni tomar agua. Esto era algo que no se había visto en este pequeño pueblo. Cuando la joven estaba poseída, nadie podía controlarla. Su madre la mantenía encerrada con llave en una habitación de su casa porque la joven decía que quería matar a su familia y temían por sus vidas. Alguien le contó a Mamá Norma sobre el caso de esta joven y ella sintió de parte de Dios prepararse en ayuno y oración para ir a orar por ella.

Acompañada de dos hermanas de la iglesia, Mamá Norma llegó a la casa de la joven Candy. Cuando la madre abrió la puerta le pregunta "¿Ustedes piensan que van a poder ayudar a mi hija? Ya la he llevado a muchas iglesias y nadie ha podido hacer nada por ella." Mamá Norma le respondió "¡Si!" con una gran certeza y sus manos calientes llena del poder de Dios "En el nombre poderoso de Jesús, ¡Si podemos! ¡Déjanos entrar!" La madre les mostró donde tenía a la joven encerrada; la tenía en la ultima habitación de atrás. Con mucho temor, le quitó el candado a la puerta para que pudieran entrar. Al ver a Mamá Norma, la joven comenzó inmediatamente a gritar de manera incontrolable tirándose encima de ella para atacarla. Norma tomó a la joven de los brazos y con mucha autoridad y fuerza la llevó contra la pared. La sostuvo con todas sus fuerzas y comenzó a reprender y echar los demonios fuera de ella. Las otras mujeres la ayudaron a sostenerla, apoyándola en oración. Allí orando en voz alta con la autoridad delegada por Dios, no pararon hasta que la joven fue completamente liberada. La joven comenzó a vomitar y a llorar. Comenzó a respirar profundo y volvió en sí. "¿Que me pasó? ¿Dónde estoy? ¡Tengo mucha hambre!" Al escucharla hablar todas comenzaron a darle gloria a Dios por el milagro de liberación en la vida de esta joven.

La noticia de este gran milagro rápidamente se divulgó en todo el vecindario. Todos se llenaron de asombro al ver la gran obra que Dios acababa de hacer con la joven, Candy. Para la gloria de Dios, ella fue completamente sana y libre. Le entregó su vida por completo a Jesús y comenzó a servirle de todo corazón. Llegó a ser maestra de niños en la escuela dominical en la iglesia donde se congregaba Mamá Norma y jamás fue la misma. Solo Dios pudo hacer lo que hizo en la vida de Candy y lo seguirá haciendo por otros hoy y para siempre.

La protección de Dios siempre estuvo con Norma y sus hijos. Dios siempre mostraba su fidelidad en sus vidas y en sus familias. Desde el matrimonio de su hija mayor en adelante nunca les faltó absolutamente nada. Gracias a la provisión de Dios y su trabajo en Nueva York, Hilcia pudo mensualmente enviarle dinero a Norma para ayudar con los gastos diarios. Cada paso fue delicadamente orquestado por Dios para cuidar de ella y sus hijos. Pasaron unos años más y en el año 1984, finalmente piden a Norma con residencia a los Estados Unidos. Esta bendición fue otra señal que Dios estaba con ella. La fidelidad de Dios marcó grandemente cada temporada de la vida de Norma. Y esta nueva etapa fue unos de los más grandes momentos en toda su vida.

Capítulo 5

Las promesas de Dios

En 1984, a los 52 años de edad, Norma tomó una de las más grandes decisiones en su vida. Ella decidió con dolor en su corazón dejar a sus hijos para viajar a los Estados Unidos en búsqueda de una mejor vida. Norma se unió a la lista de las tantas personas alrededor del mundo que han tenido que tomar esta misma decisión en búsqueda de mejores oportunidades para su familia. Esto es un dolor profundo, pero muy necesario y a muchos no les queda otra opción. Si no hubiese sido por la protección y provisión de Dios sobre su vida, ella nunca hubiera llegado a los 52 años. La vida de Norma fue un enorme milagro de Dios. No llegó a su fin sino hasta haber logrado todos sus sueños y anhelos, y sobre todo, ver el propósito y las promesas de Dios cumplirse en su vida.

Su viaje a los E.U.A. inició un nuevo comienzo para su vida. Fue recibida con mucho amor en su nuevo hogar con su hija Hilcia y su yerno Fernando Carrión, en Queens, New York. Norma llegó una mujer frágil, débil, malnutrida, muy delgada y sin idea de lo que Dios tenía planeado para ella. En poco tiempo, se preparó para buscar trabajo tomando clases para convertirse en asistente domiciliaria. Rápidamente comenzó a trabajar con una agencia y le asignaron a una pareja de ancianos. Norma cayó en gracia con ellos y se convirtió en otra hija para estos. Vivió y cuidó de estos hermosos ancianos por 10 años. Y durante todo este tiempo, ahorró suficiente dinero para enviarle una mensualidad a sus hijos y seguir manteniendo su casa por la que tanto luchó en construir. Junto a su hija Hilcia, comenzaron los trámites de residencia para traer a toda su familia uno por uno con sus cónyuges e hijos para los Estados Unidos.

Norma pudo ver la mano de Dios obrando en su vida, convirtiendo su gran sueño en una realidad. ¿Quién hubiera imaginado tan gran bendición después de tanto sufrimiento y dolor? ¡Solo Dios! Solo Dios puede hacer lo que hizo en la vida de ella. Una transformación de muerte a vida con un destino, llamado y propósito irrevocable. Cuando ella pensó que era su final, realmente solo era su comienzo. Un nuevo comienzo, un nuevo horizonte, un nuevo amanecer para Norma Martínez. Cada uno de sus hijos, hijas, sus cónyuges e hijos, todos llegaron a Nueva York a través de la gran promesa de Dios y las palabras que salieron de la boca de su esposo a su hija mayor antes de fallecer; "Mercedita, te vas a casar un día, pero no con el novio que tienes ahora, sino con Fernandito el que vino a visitar de Nueva York." Esas palabras y la confirmación de Dios a través de un ángel en sueño para que el matrimonio de Fernando e Hilcia se cumpliera, fue todo un gran plan estratégico de Dios por amor a Norma; por amor a Mamá Norma, la consentida de Jesús.

Desde su llegada a New York, comenzó a congregarse con Hilcia y Fernando en la iglesia Pentecostal Lirio de Los Valles y allí le sirvió al Señor como diaconisa y consejera junto a los pastores Juan y Marta Caraballo. Apasionada con Jesús, Norma solo quería conocer cada día más y más de él. Todo lo que salía de su boca era Palabra de Dios. Jesús se convirtió en su gran pasión. Su vida era un ejemplo de ser las manos y los pies de Jesús en la tierra. Su ministerio se convirtió en transmitir el amor del Padre a través de sus consejos y oraciones. Visitaba a las prisiones y los hospitales, siempre orando por los enfermos y liberando a los cautivos.

En 1988 el ministerio Lirio de los Valles, se convirtió en el Centro Cristiano Adonai. Allí trabajó mano a mano con los nuevos Pastores Frank y Rosemary Almonte. Su pasión por las almas y las familias cada día aumentaba. Norma entregó su vida para el servicio de Dios. Todo lo que hacía, como dice la Palabra, lo hacía como si fuera para el Señor. Trabajó mano a mano con la Pastora Rosemary Almonte en el ministerio de las mujeres. Al mismo tiempo, trabajó fielmente en el ministerio de intercesión orando por las necesidades del ministerio y familias, y visitando a los enfermos en hospitales y hogares. El fruto del Espíritu vivía y brillaba en ella; reflejaba el amor puro de Dios en su sonrisa, en sus palabras y especialmente en sus abrazos, ayudando a quien lo necesitara sin pensarlo dos veces.

Norma se mantuvo activa en el ministerio, fortalecida en la fe y en el llamado de Dios sobre su vida. Trabajó arduamente en el ministerio de intercesión con su hijo espiritual, José Pentón. Juntos estremecieron el reino de las tinieblas en el ministerio de intercesión con sus poderosas declaraciones y su gran influencia evangelista. Ganaron muchas almas para Cristo. Dondequiera que iba, Norma se ganaba un alma para

Jesús ya fuera en los mercados, en las oficinas médicas, en los salones de belleza, en los restaurantes, en las calles, en las tiendas, y en los hospitales. No importaba el momento o lugar de necesidad, siempre estaba dispuesta a ofrecerle el camino a la vida eterna a través de Jesús a cualquiera que tuviera contacto con ella. El amor que brotaba de sus palabras y de su vida era tan convincente que no les dejaba otra opción a las personas sino el de recibir a Cristo como su Señor y Salvador. Sabemos que era la gracia sobrenatural de Jesús que brillaba en la vida de mi hermosa abuela, Norma.

Vivió tantos momentos maravillosos con su familia en la fe. Le servía a Dios con un inmenso grandioso gozo. Amaba a sus Pastores Frank y Rosemary Almonte como si fueran sus propios hijos y fue de gran bendición en sus vidas por muchos años. Fue una fiel amiga, una madre y consejera para ellos. Estuvo con ellos durante los momentos más hermosos y al igual en los momentos más difíciles de sus vidas. Hubo muchas risas y momentos felices, también momentos donde lloraron juntos y se apoyaron en la fe. El amor que había entre ellos fue realmente maravilloso y nunca dejó de serlo. Trabajó junto a los Pastores Almonte en levantar una obra en un pueblo muy pobre llamado Bayaguana, en la República Dominicana. Junto a su hija Hilcia, José Pentón y otras personas del ministerio fueron hacer el trabajo misionero, orando por los enfermos y alimentando a los hambrientos.

Durante su trayectoria en la fe, sus consejos y oraciones restauraron a muchos matrimonios y familias. Ganó muchas almas para Cristo; muchos de ellos hoy son pastores, evangelistas, apóstoles, profetas y maestros. Fue madre espiritual para muchos. El Pastor Leonel Mateo fue uno de sus hijos espirituales que hoy es de gran bendición en la ciudad de Nueva York. Su humildad y corazón por Jesús la hizo sobresalir entre los demás. Muchos conocían a Norma por su gran amor hacia todos los hermanos en la fe; los amaba a todos como si fueran sus hijos biológicos. El amor que le brindaba a cada persona era realmente sobrenatural. Muchas veces yo me preguntaba, ¿cómo podía ser que una persona pudiera tener tanto amor hacia los demás? ¿Y amar sin condición? ¿La respuesta? Era el amor puro y genuino de Jesús que vivía en ella. A través de los años, hemos escuchado testimonios poderosos de cómo Dios a través de la vida de Norma liberó, sano y restauró a muchas personas. Y hoy, como su nieta, me siento muy privilegiada de poder compartir su maravillosa historia como testimonio de que no hay absolutamente nada imposible para Dios.

Durante estos años maravillosos, Norma vivió un tiempo con su hija Hilcia en pequeño apartamento en Corona, Queens, Nueva York mientras llegaban sus hijos de la República Dominicana. Cuando llegó su hijo menor, Cristóbal con su nuera Carmen y su nieto Cristóbal Jr., decidió mudarse con ellos para también poder disfrutar de su compañía como lo había hecho con su hija, Hilcia. Vivió con ellos desde el año 1992 hasta el año 2005. Fue un deleite el poder compartir momentos de su vida con sus hijos y nietos. Vivió los próximos años nuevamente con su hija Hilcia y familia. Siempre quiso mantenerse cerca de su familia y así lo hizo. Su vida era servirle a Dios y a su familia; lo hizo todo con mucho amor y pasión.

En el año 2011, después de 27 años, Norma decidió cerrar el capitulo de su vida en el Centro Cristiano Adonai para así junto a su hija Hilcia Carrión y familia congregarse en la iglesia El Rey Jesús en Astoria, New York. Recuerdo que esta decisión fue extremadamente difícil para Norma. Le pedía confirmación a Dios todos los días porque no quería tomar una decisión livianamente. Todos los que conocen a Mamá Norma saben del gran temor de Dios que había en su corazón. Todo lo que hacía lo hacía primeramente presentándose al Señor. Su corazón era honrar a Dios con su vida, con sus sentimientos, y en especial con sus decisiones. Al comenzar una nueva etapa en su vida confió plenamente que Dios lo tenía todo en sus manos. Y como siempre daba lo que le quedaba de sus días para servirle a su padre celestial.

Dondequiera que iba, Norma dejaba sus huellas de amor y sabiduría. Cada persona que se acercaba a ella se llenaba del amor sincero que venía del amor de su vida llamado Jesús. Fue de gran bendición en la iglesia, El Rey Jesús en New York con los Pastores Leo y Liliana Gómez. Allí continuó trabajando en la obra por 7 años, orando, aconsejando a familias, matrimonios y mostrando el amor eterno que vivía dentro de ella para bendecir al pueblo. Esos abrazos también fueron muy conocidos en este lugar. Muchos hacían fila para poder recibir unos de esos grandes abrazos. Fueron abrazos que literalmente sanaban y liberaban. Se entregó tanto a Jesús que sus brazos fueron usados por él para que a través de ellos él padre celestial pudiera abrazar a sus hijos. Fueron años de mucha bendición para ella y para todos los que compartieron con ella.

Capítulo 6:

Una nueva oportunidad

El 2017 fue un año de grandes pruebas en la vida de Norma. A sus 85 años ya no tenía las mismas fuerzas que antes. Ahora caminaba más despacio y se cansaba fácilmente. Sin embargo, jamás pensamos que nuestra hermosa abuela y madre querida, hija muy amada de Dios recibiera tan horrible diagnóstico. Un domingo del mes de enero sentada en la iglesia escuchando la Palabra, ella se comienza a sentir una pequeña pelota debajo de su brazo izquierdo muy cerca de su seno. Le molestaba un poco pero nunca pensó que fuera algo maligno. Recuerdo que ese mismo día ella me contó al llegar a casa después del servicio, sobre la pelota que se sintió debajo de su brazo. Le puse la mano para sentirlo y ciertamente pude sentir una pequeña pelotita. Toda la familia naturalmente nos preocupamos y le hicimos una cita con su médico de cabecera, Dr. Lodha. Al llegar a su cita el doctor le hace el examen regular de los senos y allí pudo sentir la masa pequeña. La refirieron rápidamente a los especialistas en Oncología.

Mamá Norma, como sabemos, era una tremenda mujer de fe, pero como muchas personas estas cosas de hospitales y citas médicas la ponían con los nervios de punta. Cada vez que le tocaba una cita médica se ponía tan nerviosa que no podía dormir en toda la noche. Se la pasaba pensando, orando y declarándose sana. El día de su cita, la oncóloga le hace una mamografía y después una biopsia. Al recibir los resultados de la biopsia todos los médicos se sorprenden al ver una mujer tan avanzada en edad con cáncer de mama. La noticia fue muy difícil para toda la familia, ya que Mama Norma era el pilar de nuestra familia. Aunque ciertamente fue una difícil noticia para ella, su confianza estaba puesta en la roca y siempre nos decía "Mis hijos, mi vida esta escondida en Jesús." Norma pensaba mucho en el bienestar de sus hijos y de su familia y reconocía el dolor que esta enfermedad le causaba a su familia por lo que no querían verla sufrir. Sin embargo, ella los consolaba diciéndoles que, si este era su tiempo, ella se iría felizmente a los brazos de su amado Jesús.

Norma siendo una mujer de fe se entrego a Dios y permitió que los médicos hicieran su trabajo. Ellos decidieron que la mejor opción sería removerle el seno izquierdo para así poder sacar todo el cáncer de raíz. También recomendaron quimioterapia para seguir matando las células cancerígenas, pero Norma se negó recibir la terapia. Ella no quiso exponer su cuerpo a radiación y decidió solo hacerse la mastectomía parcial y tomar los medicamentos para compartir el cáncer por cinco años. Con su decisión ya tomada, la envían a un cardiólogo para hacerle los exámenes del corazón y así saber si estaba en buena condición para esta delicada cirugía. Al ver que su corazón estaba bien, prosiguieron con los planes de la cirugía.

Tuvimos unos inconvenientes con el proceso del seguro y también con encontrar a un cirujano que aceptara realizar la mastectomía. Debido a su edad avanzada, muchos médicos no se sentían seguros en hacerle el procedimiento, pero gracias a su nieta, Claribel St. Victor y a una amiga de muchos años llamada Dayira, lograron encontrar a una excelente cirujana. Dayira trabajaba en un hospital y conocía a un cirujano del hospital NYU Langone. La Dra. Susan Sanjohn, cirujana con más de 25 años de experiencia conoció la historia de Norma y con mucho amor tomó su caso. Esta doctora fue el instrumento que Dios usó para poder lograr y avanzar con los trámites de todo el proceso en la realización de la mastectomía.

Finalmente, en marzo, dos meses después de haberse sentido la masita debajo del brazo, el seguro aprobó la mastectomía parcial con la Dra. Sanjohn. Recuerdo el día de la cirugía. Fue un día un poco frío en Nueva York. Toda la familia, y su familia en Cristo, levantaban oración por ella para que Dios nos diera la victoria. Naturalmente, Norma estaba muy nerviosa. Nunca se había hecho una operación tan delicada como esta. Todo el camino a la sala de operación oraba en el espíritu y decía "Padre, mi vida está en tus manos." No tengo duda alguna de que había ángeles a su lado durante todo el procedimiento. Aún con los nervios de punta, se podía sentir una paz impresionante. Mientras a ella la preparaba para la cirugía, sus hijos, hijas y nietos esperaban en la sala de espera. Allí oramos juntos y declaramos que la mano de Dios estaba guiando los médicos. Sabíamos que Dios era su médico por excelencia y que ella iba estar muy bien.

La operación duró aproximadamente cinco horas. Cada hora que pasaba era aun más difícil esperar. Para nosotros, esas cinco horas se sintieron una eternidad. Mirábamos el reloj cada minuto, y cada minuto se sentía una hora. Al terminar la cirugía, la transfieren a otra habitación para monitorearla mientras se despertaba. Todos estábamos muy ansiosos de verla. La Dr. Sanjohn vino a la sala de espera para darnos la noticia que todo salió bien durante la operación. Llorábamos de alegría dando gracias a Dios por dejárnosla por un tiempo más. Cuando finalmente despierta, estaba un poco desorientada y con mucho dolor. Esa misma noche, la transfieren a la sala de recuperación. Y cada día que pasaba sentía más fuerzas y menos dolor. Los doctores la encuentran muy bien y la felicitan por tan rápida recuperación. A la semana le dan de alta y regresó a casa con su familia. Dios, en su soberanía, le había dado una nueva oportunidad de vida para así poder disfrutar de su familia como nunca antes.

Dos semanas después de regresar a casa, le tocaba una nueva cita con su oncóloga. La Dra. Chaudhri informa que Norma se ha recuperado bien. El cáncer se había extraído completamente con la mastectomía y los médicos estaban felices con el éxito de su cirugía. Norma se sentía cada día mejor y le daba gracias a Dios por darle las fuerzas y salud para seguir adelante con su vida. Cada día disfrutaba más y más a sus hijos, nietos, familiares y amigos. Y nunca cesaba la alabanza a Dios en su boca. Ahora más que nunca podía predicar y hablar sobre la grandeza y la fidelidad de Dios. Dondequiera que iba, anunciaba las buenas nuevas de salvación con mucho gozo y amor y contaba su testimonio de cómo Dios la había librado de la muerte. Estaba llena de paz y esperanza mirando hacia el futuro con mucha expectativa de lo que ahora Dios tenía planeado para ella y su familia.

Capítulo 7

Cambios difíciles

La ciudad de Nueva York fue muy especial para Mamá Norma. Debido a circunstancias adversas, tuvo que dejar su tierra natal que tanto amaba, en busca de una mejor vida para ella y sus hijos. Ahora, después de 35 años creando una vida hermosa con sus hijos en esta ciudad se le presentó la oportunidad de mudarse a la ciudad de Miami, Florida con su hija Hilcia y familia. Esta oportunidad se convirtió en otra decisión muy difícil para ella.

Como ya sabemos, Mamá Norma fue una mujer de mucha fe, pasión y amor. Su relación con Dios fue realmente admirable. No había una decisión que ella pudiera tomar grande o pequeña sin primero presentarlo a Dios en oración. Cuando le hablamos sobre la idea de mudarnos a Miami, Mamá lo escuchaba todo sin decir una palabra. Recuerdo que mientras le mostrábamos fotos de las casas que queríamos comprar y de los barrios hermosos de la ciudad que queríamos visitar, ella solo arrugaba los labios y decía "Aja...esta bonito sí." Como decir que no estaba muy segura de la idea de volver a dejar a sus hijos y familiares.

Esos días fueron días donde no hablaba mucho, siempre se encontraba muy pensativa. Si le preguntábamos qué pensaba sobre la idea de mudarnos, ella solo decía con tristeza en su voz "Vamos a ver lo que dice el Señor." El amor por sus hijos y familia siempre fue muy grande. Su familia e hijos eran su vida después de Dios y el solo pensar que nuevamente estaría lejos de ellos le causaba mucha tristeza.

Recuerdo que ella me decía, "Rusa, el amor de una madre es muy grande. Mis hijos me necesitan." Sin embargo, creo que realmente *ella* necesitaba de ellos. Su más grande preocupación era el no estar cerca de sus hijos y el no poder verlos o visitarlos cuando quisiera. Ella reconocía que, al irse, todo cambiaría y eso le causaba mucho temor. Pasaron dos meses y ya le tocaba decidir lo que iba hacer. Se llevaron acabo muchas reuniones familiares. Reuniones con cada uno de sus hijos y familias para ver qué pensaban sobre la idea de tener a Mamá un poco lejos. Buscamos otras opciones en la cual Mamá se sintiera contenta y en paz, pero al final la decisión era totalmente de ella.

Cada uno de sus hijos tenía sus propias situaciones de familia y muchos no tenían en sus hogares las comodidades necesarias para ella. Y como una mujer inteligente y sabía, ella miraba cada una de sus opciones y se las presentaba todas en oración a Dios. Después de un tiempo en oración y ayuno, Mamá convocó otra reunión familiar para así presentarnos la decisión final que ella había tomado. La idea del cambio fue difícil para Norma porque a sus 85 años de edad reconocía que esto pudiera ser su último adiós.

Con la fortaleza de Dios, reunió a sus hijos una noche y les dio la noticia que había tomado la difícil decisión de mudarse a la Florida. Con lágrimas en sus ojos, les explicó lo que sentía en su corazón al tener que dejarlos, pero que tenía la certeza que era la mejor decisión para ella en esos momentos. Les explicó que le tomó mucho tiempo en pensar y orar esperando la confirmación de Dios. Y después de esperar en Dios, recibió el "sí" para esta nueva etapa de su vida. Todos recibieron su decisión y reconocieron que seria la mejor opción para ella. Esta decisión dejó algunos de sus hijos bien desconcertados porque se imaginaban que podía ser la última vez que ellos la podían tener cerca por lo avanzado de su edad, pero todos confiaron en Dios y sí Dios estaba en el asunto, ella estaría bien y feliz en su nuevo hogar.

Todas las despedidas son muy tristes, aunque sean para bien. En las últimas semanas antes de mudarnos tomamos el tiempo de despedirnos de cada uno de los familiares y amigos. Visitamos el Centro Cristiano Adonai para así despedirnos de una familia muy especial para Mamá Norma. Fue un tiempo hermoso que pudimos ver el amor y el aprecio que todos tenían por nuestra hermosa madre y abuela. Sentíamos mucha paz y confianza en este nuevo comienzo. Mientras los días se acercaban, Norma sentía aun más paz porque Dios la tenía de la mano, así como la había mantenido toda su vida. Ella reconocía esa paz, una paz muy familiar, la paz que sobrepasa todo entendimiento que estaba sobre ella. No había duda alguna de que Dios estaba con ella en cada etapa de su vida y especialmente en esta última.

El 29 de junio del 2017, fue el día que salimos de Nueva York hacia nuestro nuevo hogar en Miami, FL. Todos íbamos muy felices y expectantes de lo que Dios tenía para nosotros en este nuevo estado. Éramos mi esposo Freddy, mi hija pequeña Sophia, mi papá Fernando, mi mamá Hilcia y mi hermosa abuelita Norma. Mi tío Juan Félix nos acompañó para ayudarnos con toda la mudanza y yo iba con 5 meses de embarazo de mi hijo Stephen. Abuela se despidió de su familia con muchas lágrimas y dolor en su corazón, pero a la vez contenta de estar con nuestra familia para experimentar las nuevas bendiciones que Dios habia preparado para nosotros.

Norma vivió tiempos muy bonitos en Miami. Disfrutaba mucho sentarse afuera mirando y escuchando la naturaleza. Allí sentada miraba a los cielos, cantaba alabanzas y hablaba con Jesús. La naturaleza y el clima le recordaba mucho a su hermoso país. Hablaba con los vecinos y compartía de su fe con cualquier persona que se acercaba a ella. Disfrutaba mucho ir a la iglesia y compartir con los hermanos en la fe. Siempre con hambre de aprender más y crecer más en su fe y relación con el Padre. Cualquier persona que la conocía se enamoraba de ella. Siempre mostraba el amor de Dios dondequiera que iba. Al pasar los meses, extrañaba mucho a sus hijos y hablaba con ellos por teléfono todos los días.

Unos meses después de cumplir un año en Miami, Norma comenzó a sentir mucho dolor en su cuerpo y en sus huesos. Los médicos le decían que podría ser artritis y durante un mes tomo medicamentos para el dolor, pero no fueron suficientes, su dolor no mejoraba. Decidimos llevarla a la sala de emergencias para así hacerle exámenes más profundos y ver lo que pasaba en su cuerpo. Allí, nos dieron la terrible noticia que las células cancerígenas se diseminaron rápidamente en todo su cuerpo generando una metástasis solo dos años después de su mastectomía parcial.

Después de esa noticia tan horrible todo comenzó a pasar muy rápido. Su cuerpo comenzó a deteriorarse aceleradamente. Lo único que deseaba era estar nuevamente con sus hijos en Nueva York, porque quería tenerlos a todos con ella en los últimos momentos de vida. Guardó toda la fuerza que le quedaba para poder hacer el viajar de regreso. Viajamos a finales de diciembre del 2018. Recuerdo la mirada en sus ojos el momento que se sentó en la silla del avión. Una mirada de alivio y de paz. Nos tomó de la mano y nos dijo "Gracias Rusa y María por toda su ayuda. Dios está con nosotros y todo estará bien." Al llegar a casa de su hija Maribel toda esa fortaleza desapareció. Estaba guardando sus últimas fuerzas para poder reunirse nuevamente con su familia. Sentía mucha felicidad al ver a sus hijos, sus nietos, su hermana Rosa y familia. Todos pudieron disfrutar de ella esos últimos días. Pocos días después de su llegada a Nueva York perdió su apetito y la habilidad de hablar y caminar. El 2 de enero del 2019 la ingresamos al hospital. Los dolores en su cuerpo eran muy fuertes. Los medicamentos eran muy intensos y la tenían dormida la mayoría del tiempo. Toda la familia y los hermanos en la fe llenaban la sala de espera y rodeaban su cama con alabanzas y oración.

Con pocos días en el hospital, nos recomendaron el cuidado de hospicio. Como familia tuvimos que decidir si hacer el cuidado de hospicio en el hospital o en casa. Sus hijos decidieron que sería mejor tenerla en casa y así cumplir su deseo de vivir sus últimos momentos rodeada de su familia. Organizamos el transporte del hospital a casa de su hija Maribel para darle el cuidado que necesitaba. El transcurso fue extremadamente difícil y triste para toda la familia. Verla tan frágil y desgastada destrozó nuestros corazones. Fueron momentos que nunca imaginábamos ver. Finalmente, ya en casa en su habitación con los arreglos necesarios para el cuidado de hospicio le cantábamos alabanzas y compartíamos en familia los momentos inolvidables que vivimos a su lado. La abrazamos, la besábamos y llorábamos todos juntos. Nos unimos más como familia a su lado. Disfrutamos los últimos momentos, aunque ella ya no respondía de ninguna manera.

Esa mañana gloriosa rodeada de sus hijas, el viernes 11 de enero, Mamá Norma tomó su último suspiro con una sonrisa llena de paz. Se fue con su amado Jesús y dejó un enorme vacío en nuestra familia. Nos dejó con bellos recuerdos y memorias hermosas que jamás olvidaremos. Aunque fue sumamente difícil experimentar su despedida, reconocemos que el momento de estar en su hogar celestial había llegado. Ese momento fue el momento que ella tanto esperaba, el momento más maravilloso en toda su vida porque finalmente se volvió a reunir con el amado de su corazón y el deseado de las naciones, Jesucristo. Hoy nos ve desde los cielos y se regocija al ver las cosas extraordinarias que Dios está haciendo en y a través de nosotros. Y nosotros estamos ansiosos esperando el día que podamos abrazarla de nuevo. Mamá, muy pronto, muy pronto nos volveremos a ver.

Capítulo 8

Legado de fe y amor

"Pero yo y mi casa serviremos a Jehová."
Josué 24:15

Mamá Norma fue un instrumento muy especial en las manos de Dios. Ella fue creada y diseñada por Dios con gran propósito y llamado. Tenía una gracia y valor especial para influir a todos los que le rodeaban. Dios la había escogido desde el vientre de su madre para que de sus lomos saliera un linaje bendecido y separado para Su servicio. El Dios a quien ella le servía sería el mismo a quienes toda su generación también le serviría. Su legado más grande fue su fe en Dios y su amor por la humanidad. Mi madre Hilcia siempre la llamaba Mamá Abraham porque, así como lo fue Abraham, ella es madre de generaciones. A través de su sacrificio, su pacto y amor por Jesús, hoy toda su familia es una generación bendita. Estamos cubiertos bajo el pacto y la promesa que ella tuvo con Dios. Creemos que sus oraciones todavía nos cubren y nos alcanzan hasta el día de hoy.

Recuerdo los momentos cuando Mamá Norma nos compartía sus historias favoritas de la Biblia. Una de las historias que amaba mucho era la historia de dos mujeres que instruyeron a su hijo en los caminos del Señor, Loida y Eunice. En el libro de 2 Timoteo, el Apóstol Pablo menciona la abuela y madre de Timoteo, unos de sus discípulos más cercanos. En 2 Timoteo capítulo 1, el Apóstol Pablo le escribe a Timoteo y le dice que se acuerda que él es hijo de una madre y abuela con *una fe no fingida*. Estas mujeres tenían un buen testimonio porque confiaron plenamente en Dios. Eunice y su madre Loida ambas recibieron salvación y fueron de gran influencia para Timoteo desde su niñez. Aunque el padre de Timoteo era griego y sus costumbres diferentes, Eunice decidió servirle a Dios e instruir a su hijo en los caminos del Señor. Desde su más temprana edad, Eunice y Loida (la suegra) guiaron e instruyeron a Timoteo en el temor y el amor de Dios. Le enseñaron a Timoteo la Palabra y lo guiaron a ser un hombre de gran testimonio y fe. Timoteo creció hasta convertirse en un gran hombre de Dios y uno de los discípulos más apasionados del Apóstol Pablo. Llegó a ser pastor en la iglesia de Éfeso y predicó la palabra de Dios por todo el mundo.

¿Qué hicieron Eunice y Loida? Le pasaron un gran legado de fe a Timoteo mejor que cualquier herencia terrenal. Esa fe genuina y pura fue reflejada en la vida Eunice y Loida. Ellas fueron mujeres de oración y de gran fe que influyeron a las personas que las rodeaban. La historia de Loida y Eunice se asemeja mucho a la historia de mi abuelita, Norma y mi madre Hilcia. Ambas mujeres de gran testimonio nos instruyeron en la fe; desde una edad muy pequeña todos fuimos enseñados la Palabra, el amor a Jesús y el servicio a él. Hoy, soy quien soy por la fe no fingida de mi abuela, Norma y mi madre Hilcia. Ellas como Eunice y Loida perseveraron hasta el final sin desmayar. Aunque no fue fácil, se mantuvieron fieles al Señor. A pesar de las pruebas y tormentas siempre permanecieron firmes en las promesas de Dios para su familia. La declaración de Josué "...pero yo y mi casa serviremos a Jehová" fue convertida por mi abuelita Norma y mi madre, en "Mi familia y yo le serviremos al Señor."

Además de los recuerdos que tengo de mi abuelita Norma, también tengo hermosos recuerdos de mi madre, quien fue directora del departamento de niños en nuestra iglesia Centro Cristiano Adonai por más de 30 años. Allí, junto a ella pequeñitos en nuestros coches para bebes, aprendíamos de la Palabra mientras ella instruía los niños de la iglesia. Cantaba alabanzas y nos enseñaba la importancia de obedecer y ser niños con amor y pasión por Jesús. Los niños la seguían por montones. Cientos de niños recibieron a Jesús debido a su pasión tan contagiosa por él.

Mi abuela y mi madre vivían sus vidas para el servicio del Señor y todo lo que hacían dentro y fuera del ministerio lo hacían como si fuera para él. Esas memorias están por siempre grabadas en mi mente y corazón. Ellas fueron y siempre serán mis más grandes ejemplos para seguir. La mejor herencia que podemos dejarles a nuestros hijos es la de guiarlos a que tengan una relación personal y real con Cristo. Debemos ser ejemplos para nuestros hijos para que ellos al igual puedan hacer lo mismo con la futura generación.

¡El servirle a Dios nunca es en vano! Tú y tu casa también le pueden servir al Señor. Y esa bendición les seguirá para siempre.

Así como Jesús, Mamá Norma dejó sus huellas de fe y amor en cada corazón y en cada persona a través su vida, su sabiduría, sus abrazos, sus consejos y oraciones. Esas huellas hoy brillan más que nunca porque a través de este libro muchos más podrían ser bendecidos con el testimonio de su vida y amor por Jesús. No tengo palabras para agradecerle a Dios por permitirnos compartir un pedazo de su corazón aquí en la tierra con los que la amaron. Aunque solo fue por un tiempo determinado, pudimos aprender y disfrutar tanto de ella. Para toda su familia, Norma no está muerta, sino que vive. La Palabra nos enseña que nuestro cuerpo físico muere, pero nuestro espíritu vive. Mamá Norma vive hoy en su bello hogar, hogar más allá del sol. Vive en nuestros corazones y a través de cada uno de sus hijos, nietos y generaciones. Vive a través de cada enseñanza, a través de cada consejo, cada abrazo y cada palabra de fe que nos entregó. Su memoria vive, su legado vive, su amor vive por siempre, y para siempre.

Algún día, llegará el momento en que ya no estaremos en esta tierra. Entonces ya no importará los bienes que hayas tenido o la cantidad de dinero que tengas, sino el legado que hayas dejado aquí en la tierra. ¿Te has preguntado cómo te recordarán? ¿Piensas como puedes bendecir o influir de una manera positiva a alguien? Hay que comenzar a preparar el camino hoy. Prepárate, prepara tu alma, entrégasela a Jesús y vive tus días para él; porque el día se acerca, el día cuando en un abrir y cerrar de ojos estaremos con Jesús. Prepara tu vida para que en ese día estés listo. Y así podrás reunirte nuevamente con tu creador. Todo pasará en esta vida y lo único que permanecerá es Jesús.

Capítulo 9

Lámpara a sus pies

Los versículos favoritos de Mamá Norma

La palabra de Dios fue verdaderamente lámpara a los pies de Norma. La recitaba y la declaraba constantemente en voz alta y la llevaba siempre muy cerca de su corazón. Cada día se despertaba y leía el libro que transformó su vida – la Biblia. Siempre lo leía con mucha pasión, dedicación y amor. Se deleitaba en leer las palabras que fortalecía sus huesos y alimentaba su ser. La sabiduría que brotaba de su corazón venía de un lugar de búsqueda y sacrifico. Todo lo que podía dar, venía del lugar de la presencia de Dios. Pasaba horas en su habitación leyendo, buscando, aprendiendo y orando. Llenaba sus Biblias de notas y sus cuadernos de revelación, preguntas y puntos para sus estudios. Con todos los años que tenía en la fe, nunca dejó de tener pasión por aprender más de él. Siempre tuvo un corazón humilde y genuino. Anhelaba conocer más de su amado Jesús y cada día se enamora más y más de él.

Ese hermoso libro y las palabras que resaltan de sus hojas eran pura vida para Norma. Cuando leía, esas palabras entraban en su interior y corría por sus venas. Su fuerza, sabiduría, pureza, pasión y conocimiento venían de su entrega a Dios. Ella entregó su vida por completo a la persona quien a través de hombres naturales escribió ese maravilloso libro. Y hoy tú también puedes cambiar tu vida por completo. Puedes entregar tu vida para encontrar la vida eterna que solo Jesús te puede dar. Si Norma pudiera decir lo que quisiera poner en este libro sería que todos pudieran recibir y conocer al hermoso Salvador quien cambió su vida por completo. La decisión más importante que puedes hacer hoy es recibir a Jesús en tu corazón como el Señor y Salvador de tu vida. Así como lo hizo con Norma lo hará contigo y tu familia. No hay problema muy grande que Dios no pueda arreglar. Eres muy amado por tu Padre Celestial. Ven a él y nunca te arrepentirás de haberlo hecho. Repite esta simple oración en voz alta,

Jesús, gracias por tu sacrificio en la cruz por mí. Gracias por amarme con amor incondicional. En este día te entrego mi corazón y te recibo como el único Señor y Salvador de mi vida. Me arrepiento de todos mis pecados y corro a tus brazos de amor. Límpiame con tu preciosa sangre y hazme una nueva creatura. Amén.

Si hiciste esta importante oración te invito a que busques una relación personal con Jesús. Puedes hacerlo leyendo su palabra todos los días y simplemente hablar con su creador. Busca un lugar donde puedas aprender más de él con personas que te guíen en la fe; una iglesia que cree en el poder de Dios y que predique su palabra y verdad. Así como los bebés necesitan que sus padres los alimenten con leche, así también un nuevo creyente necesita de alguien que lo instruya en los caminos del Señor. ¡Felicidades en esta nueva y maravillosa etapa de tu vida! Nunca mires atrás, mantén tu mirada en Jesús, confía que él esta contigo y él te guiara.

Estos versículos fueron muy especiales para la vida de mi hermosa abuelita. Le instruyeron en su fe y la guiaron a ser una gran mujer de fe. Espero que también sean de gran bendición para ti. Camina y declara la Palabra de Dios cada día en tu vida y verás la fortaleza y salud que le dará a tu mente, cuerpo y alma. Así como lo hizo Mamá Norma, haz de ese maravilloso libro lámpara a tus pies.

A continuación, les presento algunos de los versículos favoritos que ella tanto amó:

Salmos 37:25 RVR

Joven fui, y he envejecido,

Y no he visto justo desamparado,

Ni su descendencia que mendigue pan.

*Mama Norma declaraba este versículo como testimonio de la bondad de Dios sobre su vida.

Salmos 1 RVR

Bienaventurado el varón que no anduvo en consejo de malos,

Ni estuvo en camino de pecadores,

Ni en silla de escarnecedores se ha sentado;

Sino que en la ley de Jehová está su delicia,

en su ley medita de día y de noche.

Será como árbol plantado junto a corrientes de aguas,

Que da su fruto en su tiempo,

Y su hoja no cae;

Y todo lo que hace, prosperará.

No así los malos,

Que son como el tamo que arrebata el viento.

Por tanto, no se levantarán los malos en el juicio,

Ni los pecadores en la congregación de los justos.

Porque Jehová conoce el camino de los justos;

Mas la senda de los malos perecerá.

*Mamá Norma declaraba este capítulo sobre la vida de todos su hijos y nietos cada vez que cumplían años. El mejor regalo era recibir la bendición de nuestra abuelita en el día de nuestro cumpleaños.

Salmos 119:105 RVR

Lámpara es a mis pies tu palabra,

Y lumbrera a mi camino.

Josué 24:15 RVR

Y si mal os parece servir a Jehová, escogeos hoy a quién sirváis; si a los dioses a quienes sirvieron vuestros padres, cuando estuvieron al otro lado del río, o a los dioses de los amorreos en cuya tierra habitáis; **pero yo y mi casa serviremos a Jehová.**

Salmos 23 RVR

Jehová es mi pastor; nada me faltará.

En lugares de delicados pastos me hará descansar;

Junto a aguas de reposo me pastoreará.

Confortará mi alma;

Me guiará por sendas de justicia por amor de su nombre.

Aunque ande en valle de sombra de muerte,

No temeré mal alguno, porque tú estarás conmigo;

Tu vara y tu cayado me infundirán aliento.

Aderezas mesa delante de mí en presencia de mis angustiadores;

Unges mi cabeza con aceite; mi copa está rebosando.

Ciertamente el bien y la misericordia me seguirán todos los días de mi vida,

Y en la casa de Jehová moraré por largos días.

Jeremías 29:11 RVR

Porque yo sé los pensamientos que tengo acerca de vosotros, dice Jehová,

pensamientos de paz, y no de mal, para daros el fin que esperáis.

Gálatas 2:20 RVR

Con Cristo estoy juntamente crucificado, y ya no vivo yo, mas vive Cristo en mí; y lo que ahora vivo en la carne, lo vivo en la fe del Hijo de Dios, el cual me amó y se entregó a sí mismo por mí.

1 Peter 2:9 RVR

Pero ustedes son linaje escogido, real sacerdocio, nación santa, pueblo adquirido, para que anuncien las virtudes de aquel que los ha llamado de las tinieblas a su luz admirable.

Proverbios 22:6 RVR

Instruye al niño en su camino; y aun cuando sea viejo no se apartará de él.

*Abuela Norma instruyó a sus hijos en los caminos del Señor. Hoy su familia y generación le sirve a Dios.

Proverbios 31:10 RVR

Mujer virtuosa, ¿quién la hallará?

Porque su estima sobrepasa largamente a la de las piedras preciosas.

Norma fue una mujer verdaderamente virtuosa.

Habacuc 3:17-18 RVR

Aunque la higuera no florezca,

Ni en las vides haya frutos,

Aunque falte el producto del olivo,

Y los labrados no den mantenimiento,

Y las ovejas sean quitadas de la majada,

Y no haya vacas en los corrales;

Con todo, yo me alegraré en Jehová,

Y me gozaré en el Dios de mi salvación.

Salmos 91 RVR

El que habita al abrigo del Altísimo

Morará bajo la sombra del Omnipotente.

Diré yo a Jehová: Esperanza mía, y castillo mío;

Mi Dios, en quien confiaré.

Él te librará del lazo del cazador,

De la peste destructora.

Con sus plumas te cubrirá,

Y debajo de sus alas estarás seguro;

Escudo y adarga es su verdad.

No temerás el terror nocturno,

Ni saeta que vuele de día,

Ni pestilencia que ande en oscuridad,

Ni mortandad que en medio del día destruya.

Caerán a tu lado mil,

Y diez mil a tu diestra;

Mas a ti no llegará.

En los momentos más difíciles en la vida de Mamá Norma, ella tomaba esta palabra y confiaba que Dios cuidaría de ella y su familia.

Mateo 22: 37 RVR

Jesús le dijo: Amarás al Señor tu Dios con todo tu corazón, y con toda tu alma, y con toda tu mente.

Mamá Norma fue un testimonio viviente de este versículo. Verdaderamente, amó a Jesús con todo su corazón, su alma y su mente.

Josué 1:9 RVR

Mira que te mando que te esfuerces y seas valiente; no temas ni desmayes, porque Jehová tu Dios estará contigo en dondequiera que vayas.

*Dios estuvo con ella hasta su último momento. Dios es fiel a su palabra.

2 Crónicas 6:19-20 RVR

Mas tú mirarás a la oración de tu siervo, y a su ruego, oh Jehová Dios mío, para oír el clamor y la oración con que tu siervo ora delante de ti.

Que tus ojos estén abiertos sobre esta casa de día y de noche, sobre el lugar del cual dijiste: Mi nombre estará allí; que oigas la oración con que tu siervo ora en este lugar.

Isaías 58:11 RVR

Jehová te pastoreará siempre, y en las sequías saciará tu alma, y dará vigor a tus huesos; y serás como huerto de riego, y como manantial de aguas, cuyas aguas nunca faltan.

*La palabra de Dios le daba nuevas fuerzas cada día a Mamá Norma.

2 Corintios 10: 4-5 RVR

porque las armas de nuestra milicia no son carnales, sino poderosas en Dios para la destrucción de fortalezas, derribando argumentos y toda altivez que se levanta contra el conocimiento de Dios, y llevando cautivo todo pensamiento a la obediencia a Cristo.

Efesios 6:18 RVR

orando en todo tiempo con toda oración y súplica en el Espíritu, y velando en ello con toda perseverancia y súplica por todos los santos;

✦Abuela Norma oraba sin cesar. En cualquier momento del día la podías encontrar orando y adorando a su fiel amigo, Jesús.

Filipenses 1:21 RVR

Porque para mí el vivir es Cristo, y el morir es ganancia.

✦Mamá Norma ganó la buena batalla y hoy celebra en los cielos con su amado Jesús.

Hebreos 4:16 RVR

Acerquémonos, pues, confiadamente al trono de la gracia, para alcanzar misericordia y hallar gracia para el oportuno socorro.

Hebreos 13:1-3 RVR

Permanezca el amor fraternal.

No os olvidéis de la hospitalidad, porque por ella algunos, sin saberlo, hospedaron ángeles.

Acordaos de los presos, como si estuvierais presos juntamente con ellos; y de los maltratados, como que también vosotros mismos estáis en el cuerpo.

*Mamá Norma creyó esto con todo su corazón y en muchas ocasiones hospedó ángeles en su hogar.

1 Juan 2:10 RVR

El que ama a su hermano, permanece en la luz, y en él no hay tropiezo.

*Mamá Norma vivió esta palabra. Ella amo a todos y permaneció en la luz.

Capítulo 10:

Huellas de amor

Testimonios

*L*a vida de Norma Martínez fue de gran bendición a cada persona que tuvo el privilegio de conocerla. Dejó huellas de amor en cada uno de nuestros corazones.

¡Su legado de fe y amor vivirá para siempre!

Testimonio de la hermana menor, Rosa Pimentel

Norma fue una maravillosa hermana. Fuimos inseparables. Yo fui la más pequeña de la familia y Norma fue mi mejor amiga. Recibí al Señor en mi corazón a través de ella. Ella fue mi madre espiritual. Le doy gracias a Dios por su vida porque fue un gran ejemplo de hija, esposa, madre y amiga. Te amo por siempre *Longo.*

Testimonio de su hija mayor, Hilcia Carrión

Mi madre fue una madre excelente. Una mujer inolvidable. Amaba mucho a sus hijos con amor eterno. Vivió muchos años con mi familia y fue un honor tenerla conmigo. Fue mi amiga, mi consejera, mi amor, mi madre. Doy gracias a Dios por haberme dado una madre tan hermosa. Ella batalló por nosotros. Siempre se preocupaba por salir adelante. Fue una guerrera luchadora. Siempre hacía la voluntad de Dios dondequiera que iba. Fue una maravillosa mujer, una esposa ejemplar, madre, mujer de Dios. Su vida era una vida de servicio a Dios. Cuando ella me abrazaba y oraba por mi yo me sanaba. Estoy orgullosa de ser su primera hija. El amor de mi madre fue para mi vida lo mejor. La extraño mucho, pero la llevo siempre en mi corazón. Gracias, mamá por todo lo que hiciste por mi. Yo bendigo tu vida mamá y nunca te olvidaré.

Testimonio de su primer yerno, Fernando Carrión

Norma Martínez fue una mujer emprendedora. Desde que llegó a los Estados Unidos, nunca dejó de trabajar y luchar para sostener a sus hijos y traerlos a este país. Siempre fue una bendición tenerla cerca de nosotros. Fue una madre para mí. Disfrutamos mucho adorar a Dios juntos y trabajar en la obra. Íbamos a las prisiones una vez al mes y orábamos por los prisioneros. Fue una tremenda mujer de Dios.

Testimonio del Apóstol Frank Almonte y la Pastora Rosemary Almonte (Ministerio Centro Cristiano Adonai)

En 1984 llegamos en la iglesia, Lirio de los valles donde conocimos a Norma Martínez (Mamá Norma) y en 1988 cuando comenzamos a pastorear la iglesia nos ayudó y fue una madre para nosotros. Ella creyó en nuestro llamado cuando otros no, y eso nos impulsó más a hacer y desarrollar el ministerio pastoral.

Norma Martínez fue una mujer muy humilde y hermosa delante del Señor que le rescató. Siempre con buen espíritu de servir y al bendecirnos nos mandaba los ángeles para que nos cuidaran. Mamá Norma, como le llamábamos, siempre tenía el buen consejo en su corazón para todo aquel que lo necesitara. Su amor materno fue compartido entre todos. Dios nos dio la bendición de trabajar con ella.

Desde el comienzo del ministerio que el Señor puso en mis manos y en mi esposa Rosemary en el 1988, mamá Norma siempre apoyó nuestra visión. Trabajó como diaconisa y después de muchos años, como anciana. Su entrega fue total. Con todo temor y dedicación hizo lo que el Padre le encargó que hiciera. Era una gran visionaria predicando el evangelio del reino en las naciones y levantando escuelas para niños, especialmente en su tierra natal, República Dominicana.

Siempre recordaremos a esa gran mujer de Dios, MAMÁ NORMA. La familia Almonte y el Centro Cristiano Adonai honraremos y recordaremos siempre a quién nos bendijo grandemente con su amor incondicional. Damos gracias a Dios porque estamos seguros de que hoy goza de la compañía de nuestro amado, el Señor JESUCRISTO.

Testimonio de su amigo e hijo espiritual, José Pentón

Norma fue una mujer con el corazón de Dios. Ella fue madre, amiga, consejera, mentora y madre espiritual. Fue de gran bendición para mi vida. Juntos visitamos hogares, hospitales y prisiones. Viajamos a obras misioneras a la República

Dominicana. Allí pudimos evangelizar, orar por los enfermos y alimentar a los necesitados. Norma nos amaba a todos. Si había alguien con necesidad allí estaba para ayudarles. Luchó por la doctrina de Cristo. Los frutos del espíritu eran visibles en ella y vivió para hacer la voluntad de Dios.

Testimonio de María Tapia (amiga de muchos años)

Mamá Norma para mi lo fue todo. Fue mi madre, amiga, y consejera. Ella me dio el amor que nunca tuve. Ella sabía todos mis secretos. Siempre me aconsejó y nunca me juzgó. Me amó sin condición. Fue la única que podía calmarme cuando pensaba que ya no podía más en la vida. Hoy tengo un vacío muy grande. La extraño mucho. La amaba con todo mi corazón. Ella realmente fue mi madre y yo lo daba todo por ella. Hasta peleaba por ella. Lo más hermoso que Dios hizo a través de Mamá Norma fue la unión en mi matrimonio. Estuve muchos años viviendo con mi novio sin casarnos. Mamá siempre nos aconsejo casarnos. El día del velorio de Mamá regresamos a casa muy tristes. Mi novio se acerca a mi y me dice "Voy a cumplir la promesa que le hice a mamá." Yo me preguntaba qué sería esa promesa. Después me dice "¡Vamos a casarnos!" Después de unos meses nos casamos y para mi fue un gran milagro que Dios hizo gracias a Mamá Norma. ¡Te amo por siempre Mamá!

Testimonio de su hija menor, María Muñiz

Mamá marcó mi vida en todos los aspectos porque fue mi mayor ejemplo a seguir en la perseverancia a Dios, en su amor y en su entrega a Dios, a sus hijos, familia y a los demás. Tenía un gran corazón; tenía el corazón de Dios. Pero, sobre todo, existen dos cosas que mamá hizo que realmente marcaron mi vida. Cuando tenía 15 años, yo venía de la iglesia con ella. Caminábamos una hora para llegar a la iglesia porque nos quedaba lejos. Una noche, a la mitad del camino, vimos tres mujeres que esperaba en una estación del bus. Mamá y yo no sorprendimos porque ya era muy de noche y ya a esa hora no pasaba el autobús. Nos acercamos a ellas y cuando nos vieron nos preguntaron si se podían quedar en casa de mamá. Le dijeron que sólo era por esa noche porque ya era tarde. Como no tenían ningún lugar dónde quedarse, mamá con su gran corazón les dijo que sí. Se fueron con nosotras y cuando llegamos a la casa, mamá les ofreció comida y ellas le dijeron que no tenían hambre. Mamá le continuó ofreciendo todo, ya que como mamá trataba a toda persona que llegaba a casa como reyes. Mamá las atendió muy bien. Era tarde y nos fuimos a acostar.

Las mujeres pasaron toda la noche cantando y adorando a Dios desde la 12 de la noche hasta la 6 de la mañana. Mamá se levantó para ofrecerles desayuno, pero se sorprendió cuando vio que ya no estaban y que habían desaparecido. Solamente quedó el gran aroma de un perfume agradable. Allí mamá se dio cuenta que esas mujeres eran ángeles. Mamá refugio a ángeles en su casa. Ella me dijo, "Tú ves María, nunca dejes de hospedar personas en tu casa porque no sabes a quién recibirás." Esa experiencia marcó mi vida para siempre.

Otra cosa que me impactó fue el hecho de que nunca dejó de dar su diezmo y su ofrenda. Tres semanas ante de su muerte me dijo "María pásame esa cartera. Ahí está mi diezmo y mi ofrenda; tómalo y ponlo en un sobre de la iglesia El Rey Jesús Miami y dalo." Y eso fue lo que hice. Lo puse en un sobre y lo llevé al frente y lo entregué porque para ese tiempo estaba cuidando de ella en Miami. Fue fiel con su diezmo y ofrenda hasta el final.

También debo mencionar que, en sus últimos días, ella tenía a sus hijos en el puño de sus manos y yo le pregunté "Mamá por qué no abre su mano" y ella me dijo "No, no, no porque aquí están mis hijos y no lo puedo soltar." Y comenzó a nombrarlos uno por uno con nombre y apellido. Duró horas y horas y después abrió sus puños y dijo "Ya Señor te los entrego a ti." Abrió su puño y comenzó a llorar y eso también marcó mi vida porque como madre deseaba proteger a sus hijos. Dios los cuida y los ama más que nosotras mismas, decía. Como madre, eso fue muy impactante para mi porque ahora yo no tengo temor. Mamá siempre oraba y leía la Biblia cada mañana y levantaba sus manos a Dios y le daba gracias por el nuevo día y por sus bendiciones. Esa era mi hermosa mamá. Mi reina y mi amiga incondicional.

Testimonio de su nieta, Noemí Martínez

Mamá Norma, mi abuelita como la llamaban fue una mujer llena de Dios con mucho amor, sabiduría, gracia y favor. Ella amaba a Dios con todo su corazón. Siempre oraba y intercedía por su familia y por todos. A dondequiera que iba, ella evangelizaba y ganaba almas para Dios. Fue un gran ejemplo como esposa, abuela y trabajadora. Tuve el gran privilegio de tenerla en mi casa con mi familia por algunos meses. Recuerdo que siempre iba a sentarse en el balcón a orar y darle gracias a Dios.

Testimonio de Niradey Pérez

Mi querida mamá Norma, a través de este mensaje quiero agradecerte por tu dedicación a la obra de Dios aquí en la tierra.

Ella siempre tenía una palabra sabia qué decir y un versículo bíblico que acompañaba en cada uno de sus consejos. Con una sonrisa siempre en su rostro mostraba un profundo amor por su amado Jesús. En una ocasión, le pregunté ¿por qué tenía un anillo de compromiso? y ella ciertamente me respondió; "¿No sabes que estoy comprometida? ¡Sí! mi hija. Tengo un novio llamado Jesús y él está preparando una morada en el cielo y vendrá pronto por mí." Desde entonces comenzó una curiosidad en mí por hablar con ella.

En sus últimos días, fui a visitarla con un ramo de flores para ofrecerle mi apoyo y aliento, pero para mi sorpresa, ella lucía con una mirada de alegría mejor que la mía. Al pie de su cama, compartió conmigo lo que Dios le estaba mostrando, que al final terminé siendo ministrada por su pasión hacia su amado Jesús y le dije adiós. Ella siempre estaba buscando a alguien para ayudar e incluso en su estado delicado, un día mientras estaba con ella, se fue a la cama preocupada por la angustia que veía en mi rostro más que por su situación. Al día siguiente, Dios le reveló en sueño una preocupación que yo tenía. No le había contado nada a ella. Ella se despidió y no me dijo nada en el momento de despedirnos, pero me envió un mensaje respondiendo el pedido que le había hecho a Dios en el secreto.

Era necesario haber conocido a Norma Martínez. Ella se preocupaba por los demás antes que ella. Soy un testimonio vivo que Mamá Norma en sus últimos días estaba buscando qué más podía hacer por su novio Jesús. Hoy doy gracias a Dios por su vida y espero volver a verla pronto para abrazarla porque extraño sus abrazos y cantos juntos a nuestro amado Jesús.

Testimonio de sus amigos en la fe, Orlando y Mayela Gudiel

Podemos llenar memorias lindas, de nuestra hermana Norma Martínez, madre espiritual, amiga entrañable. Una mujer de buen testimonio, una consejera, una mujer que sabía dar amor, verdadero genuino, siempre, disponible al que la necesitara. Una mujer entregada al servicio De Dios que nunca había conocido, ni conoceré. Le doy gracias al Señor por haberla puesto a nuestro lado por muchos años. La llevaremos en nuestro corazón mientras vivamos. Fue de tremenda bendición para mi esposo Orlando y para mi. Esperamos vernos en el cielo un día. ¡Te recordamos mi amiga bella! Siempre vivirás en nuestro corazón.

Testimonio de su nieto, José Martínez

Mi nombre es José D Martínez. Soy de la primera generación de nietos de la honorable Norma Martínez quien fue considerada la madre de muchos. Mi experiencia con mi abuelita fue de muchas bendición e influencia en mi vida. Norma Martínez me enseñó a amar y temer a Dios, como el principio de tener sabiduría para conducirme en este mundo. Su sabiduría trascendió los límites, fue mi consejera primaria. Recuerdo que desde mi niñez sus oraciones y declaraciones no faltaron para mi vida, ella frecuentaba declararse el Salmos 1.

En 1996, a la edad de 16 años, tuve una experiencia que nunca olvidaré, fue unos de esos viajes misionero que hacía junto a su hija mayor Hilcia Carrión; en esa ocasión fue en la ciudad de Bayaguana, República Dominicana, una ciudad de mucha pobreza; me impresionaba cómo ella abrazaba a esos niños en condiciones deprimente, recuerdo que me dijo: Jesús murió y resucitó por ellos y nos trajo a nosotros para que le mostramos el amor de Dios con nuestra compasión. Mi abuela fue un ejemplo en mi vida me enseñó a ser agradecido con lo poco o lo mucho que podamos tener y valorar lo más simple en la vida. Ella me enseñó a ser humilde, algo que siempre me mencionó era que ella enseñaba con el ejemplo. En este viaje misionero por primera vez pude experimentar lo que un misionero pasa para llevar el pan de vida que es Jesucristo y el vestido, que viste a los menos afortunados.

Ella fue de mucha influencia, inculcó en mí la pasión por la obra misionera, tanto que hoy soy director del grupo misionero de mi iglesia Enciende una Luz. Por la gracia de Dios, he encabezado dos viajes misioneros a Santo Domingo, República Dominicana y tenemos planes de extendernos a otros países. Puedo decir que el legado que ella dejó en mi vida ha sido este; el amor por lo menos afortunados. Gracias, muchas gracias, Norma Martínez por sembrar en mi vida, Si volviera a nacer le pediría a Dios que volviera ser mi abuela querida. Nos vemos en el cielo; pastora, consejera, misionera, madre. Te amo abuelita.

Testimonio de su hijo, José Mercedes

Yo nací con muchos problemas estomacales y diferentes enfermedades. Tenía dolor constante. Mi madre siempre cuidaba de mí con mucho amor. Ella me decía "Mi hijo, mientras yo esté viva tú no morirás." Éramos 11 hijos y yo le decía "Mamá tú tienes otros hijos por quién luchar, deja que me vaya con Dios para que no te preocupes más por mí." El dolor era tan insoportable que yo me tiraba en frente de los camiones de arena para que me atropellaran porque no quería vivir más con ese dolor. Todo el sufrimiento lo vivió mi madre conmigo. Nunca me dejó ni me desamparó. Siempre luchó por mí. Hoy mi madre está con Dios y le doy gracias a Dios porque me dejó con 62 años de vida. Así como ella me dijo que yo no moriría; hoy estoy vivo por sus oraciones y su gran amor por mí. Te amo mama.

Testimonio de su hijo, Juan Martínez

Cuando tenía 15 años me dio una enfermedad en la cual mis rodillas se llenaron de líquido y no podía caminar. Mamá me llevaba a los médicos buscando ayuda. Los médicos decían que no volvería a caminar porque el líquido podría hacerme daño de manera permanente. Mamá buscaba diferentes remedios para aliviar el dolor que tenía. Además de tener ese problema con la rodilla también me dio una enfermedad de la piel llamada sarpullido. No había remedio que me calmara la picazón y el ardor constante que sentía.

Un día mientras oraba y le pedía a Dios que me sanara, vi una visión que un hombre gigante venía hacia mí y tocaba mis rodillas. Escuché su voz que decía "Juan desde hoy estás sano." Corrí a buscar a mamá y decirle lo que había pasado. Efectivamente, desde ese día en adelante no sentí más dolor en mis rodillas. ¡Jesús me había sanado por completo! Nuestra madre sufrió mucho con nosotros, pero Dios estuvo con ella. ¡Dios nunca nos dejó!

Testimonio de su hija, María (Maribel) Martínez

Mi madre fue para mi una consejera y una amiga muy especial. Ella fue mi todo después de Dios. Mamá fue una mujer ejemplar. Estuvo a mi lado en los momentos más difíciles de mi vida. Cuando mi esposo se enfermó con cáncer, mi madre fue mi más grande ayuda. Siempre estuvo declarando la palabra de la fe y fortaleza para mi vida. Levantaba mis manos cuando me sentía que ya no podía más. Mamá estuvo conmigo mano a mano. Iba todos los días para acompañarme a visitar a mi esposo al hospital. Él siempre se sentía bien al ver que llegaba mamá cantando alabanzas a Jesús. Él se alegraba cuando escuchaba su voz. El día que ella no llegaba a verlo se entristecía. Su voz transmitía paz y era como un bálsamo para mi esposo. Me quedé viuda con tres hijos. Dios y mi madre nunca dejaron mi lado. Estoy agradecida por la vida de una tremenda mujer que siempre será mi madre hermosa.

Testimonio de su hija, Ruth Pizarro

Quiero mencionar que Norma no sólo fue mi madre biológica sino también una madre espiritual de buen testimonio. Ella fue una gran amiga y consejera. Y siempre le daré gracias a Dios por mi madre. Recuerdo que mamá siempre estuvo a mi lado. Yo nací con una enfermedad en mi estómago y ella corría conmigo al hospital. En esos momentos ella sufría mucho por mí. Literalmente era madre de multitudes con tener once hijos. Y siempre dio lo mejor de ella a cada uno de nosotros. Nos daba un amor incondicional y era como la gallina que guarda a sus polluelos. Recuerdo que a los quince años yo cuidaba de ella y trabajaba para ayudarle comprar alimentos. Mamá tuvo un corazón humilde y se mostraba en sus acciones, como cuando limpiaba la iglesia y todos nosotros siempre la ayudamos. Había tiempos que dejaba de comer para que nosotros, sus hijos pudiéramos comer. Ella es la imagen de lo que es tener el corazón de Jesús palpitando dentro de su ser.

Testimonio de su nieto, Eliezer Pizarro

Abuela Norma. ¡Wao!, ni sé por dónde empezar. Hoy estoy de pie por las oraciones de ella y de mi mamá. Les puedo admitir, que yo tendría que estar seis pies bajo tierra. Pero mi abuelita tuvo fe en mí y en el hombre que ella vio que yo podría algún día llegar a ser. Ella creyó en el Dios de los cielos por mi salvación. Hoy no solamente estoy vivo, pero cargo un testimonio de quién realmente es Dios. Y todo por su gran fe en Dios y en mí. Tuve el privilegio de viajar a diferentes países con mi padre espiritual, Eddie James. Gracias a Dios pude tener esa bendición de que ella se sentara conmigo para decirme cuán orgullosa estaba de mí en verme viajar a las naciones compartiendo las buenas nuevas de lo que Dios hizo en mi vida y de quién realmente es Dios para mí. Hablaba de cómo Dios te puede sacar de la nada y hacerte un rey al lado de otros reyes.

¿Quién es mamá Norma? Ella es la verdadera definición de lo que es ser una mujer de Dios. Tengo la bendición y privilegio de poder decir que soy su nieto.

Testimonio de su hijo, José Jacinto Martínez

Yo tenía solo 5 años y mi hermano, Luis tenía 3 añitos cuando nuestro papá se casa con Norma. Ella nos crio con tanto amor mientras nuestro papá trabajaba y tomaba mucho. Recuerdo que lavaba y planchaba ropa en diferentes casas para mantenernos y alimentarnos. Todo lo hacía con mucha dedicación y amor. En 1955, yo tenía 13 años cuando mi hermana Mercedita (Hilcia) nació. La ayudaba con la nueva bebé y con mi hermano pequeño, Luis para que ella pudiera seguir trabajando. Norma me preparaba naranjas y tostaba de maní para que pudiera salir a las calles y venderlas. También salía a limpiar zapatos para traer dinero y ayudar con los gastos de la casa. Cuando Norma comenzó a construir su casa, allí nos encontrábamos, Luis y yo ayudándole a buscar las palmas y pierdas para preparar la casa. Siempre juntos, siempre unidos, siempre en familia.

Testimonio del Pastor Leonardo Gómez (El Rey Jesús New York)

Mamá Norma más allá de ser una mujer de Dios, con una gran sabiduría, era una madre que hizo el papel de padre y madre a la vez para levantar a sus hijos. Además, fue una pionera para que sus hijos y nietos conocieran al Dios con el cual ella tuvo un encuentro. El amor era una de sus grandes armas para ganar a quien estaba perdido. Algo que me impactó de esta mujer de Dios fue el hecho que sin importar los años que tenía en el evangelio y su madurez, era una mujer sumisa a la autoridad pues cada vez que salía a predicar daba cuentas y pedía la bendición de su cobertura. Termino diciendo esto, hay pocas personas como mamá Norma que dejan huellas.

Testimonio de la Pastora Liliana Gómez (El Rey Jesús New York)

Es una alegría para mí hablar del testimonio que Mamá Norma dejó en mí: desde el primer momento que la conocí, impactó mi vida por su dulzura, su amor por Dios y su amor por las personas; siempre dando una sonrisa, un abrazo sincero, una palabra de ánimo. Ella sabía mucho de Dios y el agradecimiento al Padre le permitía ser un instrumento en las manos de él para impartir y dar gracia por lo que había recibido.

Me inspiró mucho la confianza y la seguridad que tenía de ser una verdadera hija.

Una mujer llena de sabiduría, con la palabra siempre en su boca; supo dejar un legado no solo en su generación, sino a todo el que la conocía, una mamá que vivió a plenitud, y sin egoísmos.

Para mí ella fue un gran modelo y ejemplo a seguir. Me demostraba su amor cada vez que nos invitaba a su casa y nos cocinaba ese delicioso sancocho, que nadie ha podido superar. Podía ver el amor y la excelencia con la cual lo preparaba, nos hacía sentir muy especiales.

Eso era mamá Norma, una mujer muy amada por Dios que dejó un poco de ella en cada corazón que tuvo el privilegio de conocerla. Mamá Norma; ¡Siempre estarás en mi corazón!

Testimonio de la familia Lara -Nydia (Martha), Atanael y Carmen

Mamá Norma, como muchos la conocen, es una bendición de Dios, con un corazón de oro. Desde que llegué a este país, ella fue una bendición en mi vida. Pero la ayuda más grande que siempre he tenido en mente fue cuando me dio su bendición de salir de una crisis. La experiencia que tengo con Mamá Norma es que fue mi salvación. Yo era la pareja de uno de sus hijos y teníamos una relación de violencia doméstica. En el tiempo que estuve con su hijo, las cosas iban de mal en peor, que hasta la policía llegó a nuestro hogar. El mismo policía entonces me recomendó que me alejara de esta situación porque si seguía allí, o mi pareja iba ir preso o me quitaban a mis dos hijos. No quería tomar acción sin avisarle a mamá de mi decisión final. Mi preocupación en ese momento era que no sabía qué hacer.

Recuerdo que ella apoyó mi decisión, y me dijo que yo podía irme para poder vivir mejor. Porqué así, ni me busco más problemas con su hijo, ni me arriesgo a tomar una decisión extrema, ni tampoco pongo a mis dos hijos en peligro, y a la vez mantengo la paz con la familia. Me gustó su respuesta porque como madre y mujer, no favoreció a su hijo.

Sino como una persona cristiana, hija de Dios, y con buenos sentimientos. Ella me dijo "hija yo puedo decirte que lo mejor que debes hacer es tomar esa oportunidad de irte a donde mi hijo no te pueda encontrar. Así le das la oportunidad a mis nietos de poder vivir en tranquilidad." Después de su consejo, ella misma me dijo que le avisara de mi decisión y que ella me iba apoyar económicamente. Si no fuera por ella, no habría podido trasladarme de un lugar a otro. Lo que más aprecio fue que ella guardó el secreto de nuestra conversación. Lo único que ella me pidió fue que no le avisara a nadie, ni a ella, a dónde decidiera mudarme. Hay más situaciones en que ella ofreció ayudarme a mí y a mis hijos, pero ese acto que ella hizo por mi familia, se lo agradezco con todo corazón. Nunca la olvidaré.

Testimonio de su hijo menor, Cristóbal Martínez

Mi mamá fue una mujer luchadora. Planchaba, lavaba y sembraba cilantro y yo a los 9 años iba a los mercados para venderlos. Todo lo hizo para poder sostenernos a todos. Ella me compró limpiabotas para que fuera al parque y limpiar zapatos. Los compañeros me tenían envidia y me agarraron y comenzaron a pegarme. En ese momento mamá pasaba por el parque que venía de limpiar la iglesia y vio lo que pasaba. Ella corrió para defenderme. No teníamos zapatos y hacíamos lo que se presentaba para poder sobrevivir. Dios nos dio la fortaleza y nos levantó por las oraciones de mi madre. Y hoy damos gracias a Dios por la vida de una gran mujer que fue mi madre. Te amo mamá.

Testimonio de su nuera, Carmen Martínez

Recuerdo cuando tenía muy poco tiempo de haber llegado a los Estados Unidos estaba en casa con mi hijo de 3 años muy triste. Esa mañana desperté con la memoria de mi madre que había fallecido dos años atrás. Me la pasé todo el día llorando. Esa tarde llegó Mamá Norma a la casa del trabajo y se da cuenta que estaba llorando y me pregunta qué me pasaba. No pude contener las lágrimas y comencé a llorar nuevamente. Mamá me dice "Pero hija, ¿por qué estas así? ¿Por qué lloras?" y le respondí "Es que me siento sola, como si no tuviera a nadie." Y en ese momento ella me levanta de la silla y me dice "Mira hija, jamás en tu vida quiero volver a escucharte decir esas palabras porque tú no estas sola. Primeramente, tienes a Dios y después me tienes a mí. Yo soy tu madre, soy la madre que Dios te ha dado y peleo por ti. Yo te quiero como a una hija así que jamás vuelvas a decir eso." Y allí me abrazó fuerte. Sinceramente pude sentir en ese abrazo el amor puro y el cariño que ella sentía por mí. Desde ese momento en adelante nos acercamos más y tuvimos una unidad muy especial. Éramos como madre e hija, hija y madre. Así la sigo recordando siempre como una madre para mí.

Testimonio de María Arias

En el verano de 1999 teníamos una crisis con mi hijo Jorge. Yo casi no dormía y una tarde me acosté a descansar y sueño que estaba caminando por las calles buscando a Jorge. Al caminar me encuentro con una señora que me dijo "Ven hijita mira a tu hijo dando testimonio de lo que Jesús hizo en su vida." Luego meses más tarde fuimos por primera vez a la iglesia Centro Cristiano Adonai. Allí me sorprendí al ver a Mamá Norma porque me di cuenta de que ella era la señora que vi en mis sueños con mi hijo Jorge.

Testimonio de Brunnell Velázquez

Un domingo en la mañana, la Pastora Liliana estaba predicando y dio una palabra de ciencia sobre una mujer que había tenido un aborto. Mi hermana respondió al llamado y pasó adelante. La pastora puso su mano sobre su vientre y comenzó a reprender el espíritu de asesinato en ella. Mi hermana inmediatamente comenzó a manifestarse y calló al piso. Cuando finalmente se paró, Mamá Norma vino a ella y la tomó en sus brazos. La abrazó fuertemente. Y sé que Dios usó la vida de Mamá Norma para ministrar el amor del Padre a mi hermana y para traer sanidad interior. Después de ese día, mi hermana no solamente fue libre, pero fue sana de la profunda culpabilidad que cargaba por su aborto.

Testimonio de Esperanza Araque Machado

Todo mi amor y agradecimiento a Jehová nuestro Dios por Mamá Norma. Siempre pude sentir la presencia de Dios en ella. Su paz, alegría y gran sabiduría. Varias veces le dije que, si llegara a tener su edad, Mamá Norma quiero ser como usted. Ella me abrazaba y nos reíamos muchísimo. Ella con su infinito amor me enseñó a someterme a mi esposo. Yo no lo quería de ninguna manera. Y ella insistía e insistía... ¿quieres parecerte a mí? ¿Quieres agradarle a Dios? Ríndete, sométete a tu esposo. Él es el jefe de la familia. Le agradezco a Mamá Norma por sus grandes enseñanzas. Y por su amor infinito. Jehová Nuestro Dios moraba en ella. Aunque después de un tiempo ya no asistíamos a la misma iglesia, ella nunca dejó de ser mi amiga, mi hermana, mi Mamá Norma. Siempre estará en mi corazón y pensamiento. Estoy eternamente agradecida con Dios por ella y su familia.

Testimonio de su nieta, Yinnet Esther De la Cruz

Mamá era la primera persona que creía en mis visiones y en mis sueños. Recuerdo que cuando tenía 7 años me paraba de noche e iba a la cocina y duraba un tiempo ahí. Mamá notó que todas las noches me levantaba e iba para la cocina. Al tercer día ella me preguntó por qué me levanto de noche y voy a la cocina. Le dije que yo veía una escalera de oro y no podía ver hasta dónde llegaba. Le dije que yo veía ángeles vestidos de blanco con las alas de oro, y solamente podía ver una luz brillante arriba de las escaleras. Ahí fue cuando Mamá me dijo que Dios me dio el don de ver visiones y tener sueños. Yo le respondí que los ángeles me sonreían y que sabían que estaba ahí y me sentía con tanta paz. Ella en ese momento me dijo que eso significaba las promesas de Dios para mi vida, igual como Dios sé lo reveló a Jacob. Ella desde ese momento me dijo que siempre le contara mis sueños y mis visiones. Mamá siempre creía en lo que yo veía, nunca dudaba de las cosas que le decía que veía. Ella lo que hacía era orar más por mi, y que Dios seguía revelando en mis sueños y que me diera más visiones.

Agradezco a Dios por haber tenido una mujer tan basada en la fe que pudo ver y entender más allá de lo natural, pero en lo sobrenatural. Ella era atenta, amable, muy buena consejera, me regañaba con amor. Ella fue la roca de mi familia y de mi vida. Ella siempre tuvo una palabra de fe y de esperanza y gracias a esas enseñanzas soy quien soy hoy. Espero poder ser la mitad de la persona que fue ella aquí en la tierra. Mamá te amo, hoy, mañana y siempre. Te extraño.

Testimonio de Margarita Urbaez (amiga familiar de muchos años)

Quiero contarles parte de mi testimonio de quién fue la hermana Norma Martínez en mi vida. En el 1984 mis hermanos Fernando e Hilcia Carrión, a quienes ya conocía me invitaron al aeropuerto JFK a buscar a una persona muy especial, la hermana Norma. Cuando ella me saludó, me preguntó '¿y tu quién eres?' Yo le dije quién era y ella me dijo "pues desde ahora considérame tu madre" y desde ese entonces la llamé Mamá Norma y de ese momento en adelante todos la llamaban Mamá Norma. Un nombre bien merecido porque ella era la madre de multitudes. Ella era amor, comprensión y una persona que inspiraba confianza.

Yo recuerdo siendo muy joven cuando sentía miedo o temor de algo, corría a sus brazos y ella sabía cómo hacer que perdiera el miedo con su amor, ternura y palabras sabias. Fue una abuela para mis hijos y muy respetada por mi esposo Pedro. La última vez que nos vimos, fue en el estado de la Florida sin imaginarme que iba ser la última vez que la iba a ver. Recuerdo que cuando me estaba despidiendo, ella llamó a María Muñiz, su hija de sangre y le dijo "búscame mi manto." Uno especial que ella tenía que trajo de Israel. María le dijo "Mamá, está empacado" ya que tenían planes de viajar a NY. Ella dijo "pues dame otro quiero orar por mi hija Margarita." Para mi fue un honor recibir su bendición antes de su partida a reunirse con papá Dios. Igualmente fue muy doloroso para mí no asistir a su funeral, ya que estaba delicada de salud y en proceso de una operación muy delicada. Gracias Señor por Mamá Norma. Fue un honor haberla conocido. Por siempre vivirás en mi corazón. Hasta luego, te amo.

Testimonio de su nieto, Jhonatan Martínez

Viví con mi abuela hasta los 11 o 12 años. Tengo muchos vívidos recuerdos de mi abuelita. Todas las mañanas, antes de irme a la escuela al igual que los fines de semana, exigía que tanto mi hermano, mi hermana y yo nos tomáramos de la mano para orar. No podíamos salir de la casa antes que ella nos cubriera con la sangre de Cristo. La recuerdo guardando sus dentaduras todas las noches antes de acostarse. Uno de los recuerdos que tengo de mi abuelita y que aprecio y mantengo muy cerca de mi corazón fue el día que ella conoció a mi hija, su bisnieta, Génesis. Ella la sostuvo en sus brazos y me dijo lo hermosa que era mi hija. Tengo una foto y un video de ese gran día. Doy gracias a Dios que lo tengo. Puedo recordar las innumerables veces que jugamos a "las damas." Ella me enseñó a jugar cuando tenía unos 7 años más o menos. Jugar era lo nuestro; jugábamos *damas* día y noche, noche y día. Ella siempre será mi compañera en eso. Te extraño mucho y te quiero abuela, hasta que volvamos a jugar mamá.

Testimonio de su nieto, Cristóbal Martínez

Mi abuela era una mujer de gran fe. Uno de los mayores testamentos y legado que dejó fue enseñarnos a todos lo que realmente era la fe. Realmente, creo que se alegraba mucho mostrándole a sus nietos lo que significaba el tener fe. Para mí, desde que era pequeño, siempre la vi como esta gran mujer. ¡Un ejemplo a seguir de verdad! Siempre vi en ella a esta persona de basta sabiduría. Sabía exactamente qué decir cuando se necesitabas una palabra. Aún de adulto esa imagen de ella permanece. Puedo recordar cómo le diría cuando necesitaba una oración o estaba trabajando en algo "Mamá, necesito que ores por mí. Necesito que esto suceda o que funcione a mi favor." Ella contestaba, ¿por qué no oras tú y lo pides? Yo le respondía "Es que tienes el número directo de Dios; él te escucha más que a mi." Voy a orar por eso, pero si tú también oras, sé que él te escuchará. Parece que cada vez que te pido que ores, él viene.

Ella me llamaba Samuel. Uno de mis mejores recuerdos fue cuando era un niño pequeño. Un día me encontraba en la sala viendo la televisión y de repente escuché que alguien me llamaba. Corrí hacia ella y le pregunté, ¿mamá me llamaste? Ella dijo que no. Regresé a ver la televisión. Una vez más, estoy allí viendo televisión y escuché que alguien me llamaba. Una vez más corrí hacia ella y le dije: ¿acabas de llamarme? Ella me vuelve a decir que no. Regresé una vez más y por tercera vez escuché que alguien me llamaba. Cuando volví a ella le dije mamá, ¿estás jugando conmigo? Acabo de escuchar que me llamas nuevamente. Luego me mira y dice: ven, siéntate conmigo. Luego comenzó a contarme sobre Samuel en la Biblia y comenzamos a leer sobre él juntos. Ella en ese momento, entendió que Dios tenía un llamado especial para mí. Desde ese día ella siempre me llamaba Samuel. Recuerdo que ella me dio la tarea de leer los dos libros de Samuel y aprender quién era. Cada vez que me veía me decía "Ay mi Samuel" con su dulce y tierna voz. Es una parte de ella que llevo conmigo todos los días de mi vida. Cuando miro hacia atrás ahora todo tiene mucho sentido.

Vine a los Estados Unidos a la edad de 3 años y ella vivió con nosotros. Desde el principio, ella me llevaba a la iglesia a pesar de que mi mamá y mi papá no estaban caminando en la fe o asistiendo a la iglesia. Ella nunca me dejaba atrás. Ella se encargó de dedicarme a Dios tal como lo hizo Ana con Samuel. Es un recuerdo que me hace llorar porque todo esto me demuestra el gran amor que me abuelita sentía por mí.

Testimonio de Nelson Moran

Hace casi 8 años conocí a Mamá Norma, como todos la conocíamos. Yo la veía todos los domingos y no había domingo que ella no me llamará hijo y me afirmaba y orará por mi como si fuera su propio hijo o nieto. Esas palabras jamás se han borrado de mi corazón, mente y sentimientos porque todas esas palabras me han ayudado a ver dónde llegaré. Para mí, Mamá Norma no se ha ido; se a quedado dentro de mi corazón. Por siempre Mamá Norma estará en mí porque como ella me decía que un día yo sería muy bendecido. Siempre me pronunció esas palabras. Veía en mi lo que yo no veía en esos tiempos. Por siempre Mamá Norma estará en mi corazón. Un día voy a demostrar que las palabras que ella profetizaba sobre mi vida se hicieron realidad.

Testimonio de los Pastores Matt & Diana (Didi) Matthews y La Tribu (Ministerio Int. El Rey Jesús)

Norma Martínez iluminaba cualquier salón con su presencia. Podrías caminar en un cuarto lleno de gente, sentirte sofocado o fuera de lugar y de repente, veías una sonrisa hermosa y dócil, con ojos tiernos y amorosos mirándote directamente, y un sentimiento vendría después, en caso de que no estuvieras tan seguro si deberías estar allí o no. Esto también sucedería, cuando subíamos al altar, justo antes de predicar. Mamá Norma, no solo oraba por nosotros, sino que estaba allí, al frente y al centro para recibir y ayudarnos a predicar con todo. ¡Ella fue una madre para nosotros! Su amor y aceptación por nosotros, y no solo por nosotros, sino también por nuestros hijos, cambiaron el juego para nosotros durante nuestra temporada en Nueva York. Nos sorprendía sinceramente que, a pesar de que era mayor y más sabia que nosotros, siempre estaba cediendo, sometiéndose y responsabilizándose de sus actos.

¡Qué conquistadora era ella! Recuerdo un día manejar hasta Valley Stream, New York e ir al mismo edificio donde creo vivía toda la familia. Fue un placer estar cerca de toda la familia; siempre nos infundía paz y nos daba la sensación de calidez familiar que extrañábamos, al estar lejos de nuestros seres queridos. Por cierto, ¡Cocinaba increíble! No sé si fue el sancocho que hizo para nosotros una vez o ajiaco, como lo llamamos los colombianos, ¡pero la sopa que nos hizo fue UNA BOMBA DE DELICIAS!

Esto es solo un fragmento de cómo esta mujer de Dios tuvo un impacto tan poderoso y duradero en nuestras vidas. Cuando dejó de acudir a los servicios debido a su enfermedad, Hilcia siempre se aseguraba de darnos sus saludos; siempre se aseguraba de decirnos que ella estaba orando por nosotros, y nosotros nos aseguramos de enviar nuestra bendición y amor de regreso. Cuando nos enteramos de que se acercaba su hora de irse a casa, nos aseguramos de ir a verla y agradecerle por tanto amor; y aunque estuvimos allí para orar por ella y mostrarle a la familia nuestro apoyo, se sentó fuerte y firme en su cama, y oro ferozmente por nosotros. Dios la envió, sin duda, porque ella lanzó una Palabra muy necesaria y de bendición sobre nuestras vidas. Ella nos recordó que nuestro trabajo no había ser en vano, y que nuestra carrera no había terminado: estaba desatando virtud y vida sobre nosotros, y esa impartición aún la llevamos con nosotros.

Mamá Norma siempre será parte de nuestras vidas. La llevamos en nuestros corazones. Su sonrisa, ojos, abrazos. La amamos mucho. La amamos aún. Hasta que la volvamos a ver en el cielo, siempre con amor.

Testimonio de su nieta, Zoraida López

Le doy gracias a Dios por la abuelita que Dios me permitió tener; una abuelita con mucha sabiduría, paciencia, amor y sobre todo llena del Espíritu Santo. Mi abuela influenció mi vida de tantas maneras que es difícil de explicarlo por escrito. Desde pequeña, Dios me dio el don de ver las cosas por medio de sueños y visiones y yo siempre corría a contarle las visiones o sueños que Dios me había dado a mi abuelita. Ella era quien siempre me los interpretaba y me enseñó que pase lo que pase, nuestros ojos y confianza siempre tienen que estar puestos en Dios y que el altar es sagrado. Ella me enseñó que la familia es muy importante y que, como familia, aunque ella se fuera al cielo teníamos que permanecer unidos. Cuando ella se graduó al cielo dejó un gran vacío en mi corazón, pero lo que me alegra es que ella está al lado de su gran amado Jesús y tengo la esperanza que algún día, en el tiempo de Dios, nos volvamos a reencontrar.

Recuerdos del ayer.
Fotografías de
momentos hermosos
en la vida de
Norma Martínez.

Comienzos pequeños:

a) Norma con su hija María a su derecha (República Dominicana, 1979)

b) Norma con su madre (República Dominicana, 1975)

c) Norma con su madre Francisca y con sus hijos David y María
   (República Dominicana, 1985)

a) Norma con su yerno Fernando y su primer nieto José (Queens, NY 1985)

b) Norma en su cumpleaños #65 (Queens, NY 1997)

c) Norma con la anciana a quien cuidaba y su nieta Noemí (Queens, NY 1985)

d) En casa con su nieto José (Queens, NY 1985)

a) Hilcia y Fernando recién casados (La capital, Republica Dominicana, 1975)
b) Su primera nevada (Queens, NY 1985)
c) Norma y su hija Hilcia en el jardín de flores (Queens, NY 1985)
d) Disfrutando de la nieve con su nieto José (Queens, NY 1985)

Ministerio

a)

b)

c)

a) Con su hija Hilcia y las hermanas en la fe (Lirios de los Valles, Queens NY 1987)
b) Con el Pastor Ezequiel Rosario en Centro Cristiano Adonai (Queens, NY 2003)
c) Predicando la palabra en su iglesia Lirios de los Valles (Queens, NY 1986)

a) Predicando en la República Dominicana durante un viaje misionero (1998)
b) Con los Pastores Almonte en la iglesia Lirio de los Valles (Queens, NY 1994)

a) Disfrutando de los niños con su hija, Hilcia en la República Dominicana (1998)

b) Con los Pastores Almonte y José Pentón (Queens, NY 1996)

c) Con los niños de Bayaguana, República Dominicana y con su hermano en la fe, Bolívar.

a) Predicando y alimentando a los niños.

b) Mostrando el corazón de Dios hacia todos.

a) Orando por los enfermos.

b) Bayaguana, República Dominicana (2003)

a)

b)

a) Viaje a Israel con la Pastora Rosemary y hermanos en la fe.

b) Viaje misionero con José Pentón, Elizabeth Carlo y Flor Tuero (2003)

Familia

a) Con su hija María Muñiz y familia (Queens, NY 2007)

b) Norma con su hija Maribel y familia (Queens NY, 2007)

c) Norma con su yerna Carmen Martínez y sus nietos (Queens, NY 2007)

d) Con sus nietos en la celebración de Nochebuena (Queens, NY 2002)

e) Norma celebrando su cumpleaños rodeada de flores.

a) Con su hija Rut y nieta Ruth en la celebración de Nochebuena (Queens, NY 2002)

b) Con sus hijos Cristóbal y Ruth en la celebración de su cumpleaños #75 (Queens, NY 2007)

c) Orando por sus hijos Cristóbal y José durante una fiesta familiar. (Queens, NY 2003)

d) Con su yerno, Pastor Luciano Muñiz. (Queens NY 2005)

e) Con sus 8 hijos en la celebración de su cumpleaños #75 (Queens, NY 2007)

Con sus 8 hijos y 20 nietos en la celebración de su cumpleaños #75
(Queens, NY 2007)
Con su hija Hilcia, amigas Mayela Guidel y madre del Pastor Almonte
(Republica Dominicana)
Con la Pastora Rosemary Almonte y su hermana Rosa en la despedida de soltera
de su nieta Ruth (Queens, NY 2009)

a) Navidad con algunos de sus nietos (Queens, NY 2012)

b) Navidad con sus hijos (Queens, NY 2012)

c) Navidad con algunos de sus nietos y bisnietos (Queens, NY 2014)

a) Disfrutando de la naturaleza (Abril 2016)
b) Siempre disfrutaba de las mecedoras (FL, 2016)
c) Norma con su hija Hilcia y toda su familia (Long Island, NY 2016)

a) Con sus hijas Hilcia y Maria (Miami, FL 2017)

b) Con su hija Rut en el día de acción de gracias (Queens, NY 2016)

c) Con sus hijos Juan Feliz, Jose David, Jacinto (hijastro), Cristobal, y Jose Daniel para e
Día de las madres (Mayo 2018)

a) Con sus hijas Maria, Maribel, Hilcia y Rut (Día de las Madres - Queens, NY Mayo 2018)
b) Norma con Hilcia y Fernando (Miami FL, 2018)
c) Despidiéndose de su familia para regresar a N.Y (Miami, FL Diciembre 2018)
d) Con sus hijas Maribel y Maria (Miami, FL 2018)

Un día muy especial recibiendo la ciudadanía de los Estados Unidos junto con su yerno Fernando e hija Hilcia (Miami, FL Junio 2018)

a)

b)

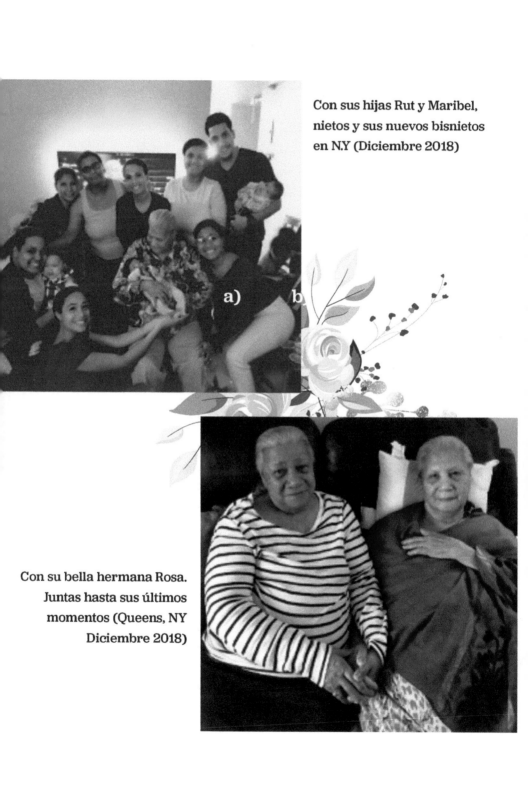

Con sus hijas Rut y Maribel, nietos y sus nuevos bisnietos en N.Y (Diciembre 2018)

Con su bella hermana Rosa. Juntas hasta sus últimos momentos (Queens, NY Diciembre 2018)

Casa de Norma Martínez en Hatomayor del Rey, República Dominicana
(2018)

Árbol Genealógico

Norma Martínez

Hilcia Carrion:

Esposo: Fernando Carrion

Hijos:

José Carrion

Esposa: Amanda Carrion

Hijos: Jude Carrion

Noemí Martínez

Esposo: Luis Martínez

Hijos: Esther Martínez, Daniel Martínez

Ruth Arias

Esposo: Freddy Arias

Hijos: Sophia Arias, Stephen Arias

Betania Maldonado

Esposo: Aarón Maldonado

José David Martínez:

Esposa: Belky Martínez

Hijos

José David Martínez Jr. (Madre: Altagracia)

Esposa: Iris Nieves Martínez

Hijos: Ezequias Martínez, Dahirynes Martínez, Abigail Martínez

Ruth Noemí Martínez (Madre: Altagracia)

Hijos: Carlos José Upia, Kelly Bowman

Joel Martínez (Madre: Belky)

José Daniel Mercedes:

Esposa: María Mercedes

Hijos:

Yeny Martínez Tejada

Esposo: Eladio Antonio Duran

Hijos: Rainel Enmanuel Susana Martínez

Ruth Noemi Mercedes

Hijos: Ruth Ramírez, Orianny Ramírez

Marlene Martínez

Hijos: Darieli Silvestre, Darileyda Silvestre, Daricha Silvestre

Franklin Mercedes
Emmanuel Espaillat
Carmen Teresa Lara
Atanael Lara

María (Maribel) Martínez:

Hijos:

Zoraida Esther López
Esposo: Yunior Manuel López
Hijos: Rebecca Esther López, Nathan Tahj López
Claribel Martínez St. Victor
Esposo: Carlo St. Victor
Hijo: Jacob Levi St. Victor
Elías Candelario

Juan Félix Martínez

Hijas:

Yaritza Martínez
Hijos: Lennox Martínez
Rosanna Martínez

Ruth Pizarro:

Esposo: Raúl Pizarro
Hijos: *Ezequiel Pizarro, Eliezer Pizarro*

Cristóbal Martínez:

Esposa: María del Carmen Martínez

Hijos:

Cristóbal Alexander Martínez

Esposa: Gloribel Abreu De Martínez

Hija: Luna Marie Martinez Abreu

Estephania De la Rosa

Hijos: Elian Santana, Liam Santana

Jhonatan Martínez

Hijos: Génesis Lee Martínez

Christopher Kevin De la Cruz

Esposa: Faendy Garcia Santos

Hijos: Emiliana De la Cruz, Aizen De la Cruz

Yinnet Esther De la Cruz

Esposo: Kelvin De la Cruz

Hijo: Kayden Adriel De la Cruz

Christbel Martínez

María Muñiz:

Esposo: Luciano Muñiz

Hijos: *Joshua Muñiz, Ishmael Muñiz, Samuel Muñiz*

<u>Hijastros</u>

Jacinto Martínez

Luis Martínez

José Mercedes

Abril 1932 - Enero 2019

Mama Norma Mujer Virtuosa

¹⁰ Mujer virtuosa, ¿quién la hallará?
Porque su estima sobrepasa largamente a la de las piedras
preciosas.

¹¹ El corazón de su marido está en ella confiado,
Y no carecerá de ganancias.

¹² Le da ella bien y no mal
Todos los días de su vida.

¹³ Busca lana y lino,
Y con voluntad trabaja con sus manos.

¹⁴ Es como nave de mercader;
Trae su pan de lejos.

¹⁵ Se levanta aun de noche
Y da comida a su familia
Y ración a sus criadas.

¹⁶ Considera la heredad, y la compra,
Y planta viña del fruto de sus manos.

¹⁷ Ciñe de fuerza sus lomos,
Y esfuerza sus brazos.

¹⁸ Ve que van bien sus negocios;
Su lámpara no se apaga de noche.

¹⁹ Aplica su mano al huso,
Y sus manos a la rueca.

²⁰ Alarga su mano al pobre,
Y extiende sus manos al menesteroso.

²¹ No tiene temor de la nieve por su familia,
Porque toda su familia está vestida de ropas dobles.

²² Ella se hace tapices;
De lino fino y púrpura es su vestido.

²³ Su marido es conocido en las puertas,
Cuando se sienta con los ancianos de la tierra.

²⁴ Hace telas, y vende,
Y da cintas al mercader.

²⁵ Fuerza y honor son su vestidura;
Y se ríe de lo por venir.

²⁶ Abre su boca con sabiduría,
Y la ley de clemencia está en su lengua.

²⁷ Considera los caminos de su casa,
Y no come el pan de balde.

²⁸ Se levantan sus hijos y la llaman bienaventurada;
Y su marido también la alaba:

²⁹ Muchas mujeres hicieron el bien;
Mas tú sobrepasas a todas.

³⁰ Engañosa es la gracia, y vana la hermosura;
La mujer que teme a Jehová, ésa será alabada.

³¹ Dadle del fruto de sus manos,
Y alábenla en las puertas sus hechos.

Proverbios 31:10-31

CPSIA information can be obtained
at www.ICGtesting.com
Printed in the USA
LVHW021025171121
703473LV00011B/673